# 催眠セックスの技術

性感リミットを外す

催眠セラピスト
林 貞年
Sadatoshi Hayashi

現代書林

# はじめに

**自分のセックスで彼女を思いっきりイカせたい……**

**妻が充分満足するだけのオーガズムを与えたい……**

男性ならこんな願望を抱くのは当然のことだと思います。

でももし、その思いが願望のままで終わっているのなら、一度この本を読んでみてください。

その願望は催眠を使うことで必ず達成されるはずです。

催眠といえば、よくアダルトビデオのタイトルに使われることがあります。

催眠術にかかった女性が一生懸命に白目をむいたり、わざとヨダレを垂らして催眠術師の命令どおりになる。

そして、心をなくした操り人形のような演技をしています。

このようなアダルトビデオの中で行なわれている催眠が本物であるかどうかは私がいうまでもないことですが、そこで行なわれている催眠はアダルトビデオの演出でしかありません。

しかし、本物の催眠は長い歴史の中、セックスに悩む人の治療や不感症などの改善に使われ、目を見張る功績を残してきました。

私も催眠療法士として、そして一人の男として、催眠をセックスに使ってきた人間です。

本物の催眠はある意味アダルトビデオのレベルではありません。

**不感症の女性を一度の催眠で失神寸前のオーガズムに導くほどの力があります。**

暗示の与え方によっては本当に失神させることもできます。

ではなぜ催眠でそんなことができるのでしょうか？

それは、**催眠が人間の本能に直接働きかける心理技術**だからです。

人の心には理性を司る「意識」と本能を司る「無意識」があります。

たとえば、相撲を観戦しているときに、応援している力士が土俵際で踏ん張っていると、それを見ている人も無意識に力が入り、身体が勝手に動いてしまうことがありますよね。

催眠はこの無意識の部分に働きかけているのです。

だから催眠術師が「あなたの身体は右に傾《かたむ》いていきます」と暗示をすれば、催眠にかかっている人は本当に身体が右に傾いていくわけです。

女性の身体を一心不乱に愛撫したところで、本能がむき出しになっていなければ、どこを愛撫しても大した快感は与えられません。

若い恋人同士のじゃれっこみたいなセックスでは、マッサージのような快楽しか与えることができないということです。

義務でご主人とセックスをしている主婦などは、感じる部分を触られていても、苦痛でしかなかったりします。

つまり、感じさせるのは身体ではないんです。脳を感じさせ、本能が活性化した状態にしなければ、強いオーガズムを与えることなどできないのです。

セックスは、何よりもそのときの精神状態が重要です。

そして**催眠は、女性の精神状態をエクスタシーという『変性意識状態』にできること**
**はもちろん、身体感覚まで欲情しているメスにすることができる**のです。

精神状態が大きく左右するセックスに、なぜ、いままで催眠が適応されてこなかったのか?

なぜ、女性の意識状態を大きく変性させるために、縄やローソクのような危険なアイテムが使われてきたのに、いままで催眠がセックスに使われてこなかったのか?

すでに催眠セックスを実用している者からすれば不思議なぐらいなのです。

女性が失神するほどの快楽を与えるためには、呼吸もままならないぐらいに欲情した変性意識状態が必要です。

そして催眠は、その作業をいとも簡単にやってのけるのです。

そんな驚異的な力をもった催眠ですが、なにも私だけができる技術ではありません。

**催眠はどんな人でもマスターできるし、セックスへの応用も簡単にできる**のです。

この本には、催眠術のかけ方とセックスへの応用が詳しく書かれていますから、読み終えた時点で、あなたも催眠セックスができるようになります。

よく「催眠術は私のような普通の人間でもできるようになりますか?」と聞かれるこ

とがあります。

でも、普通の人間なら誰でも催眠術はマスターできます。特別な能力など一切必要ありません。催眠術はちょっとした暗示が言えるようになったら誰でもかけられるようになります。

いってみれば、催眠暗示はかしこまった挨拶のようなものなのです。たとえば、普通の生活をしている人は「おそれいります」とか「かしこまりました」などという言葉はあまり使いませんよね。文字で見るととても簡単な単語です。しかし、普段こういった言葉を使わない人が、実際に「おそれいります」とか「かしこまりました」と言わなければならない場面に遭遇すると、緊張してしまってうまく言えなかったりします。

それでも、このような言葉を頻繁に使う職業に就いたり、かしこまった言葉を常に使わなければならない環境に置かれると、それが必要なときにはいつでもどこでも言えるようになるはずです。

催眠暗示も、催眠をかける場面で何度か使うとスムーズに言えるようになります。

中には、最初から何の緊張もせずに催眠暗示が言える人もいます。こういった人は、要点だけを教えれば、練習などしなくてもすぐに催眠術がかけられるようになります。

つまり、**催眠は、できるようになるとかならないとかの問題ではなく、その言葉に慣れるのが早いか遅いかの問題だけ**なのです。

そして、相手を催眠にかけることができたら、筋肉の動きや、身体が「気持ち良くなる」といった感覚、そして「欲情する」といった感情まで、自由自在に操作することができます。

さらに「あなたは自分の名前を忘れる」と暗示すれば、一時的ですが相手は自分の名前すら思い出すことができなくなります。

ただし、街で可愛い女の子を見つけたからといって、いきなりホテルへ連れ込むような催眠には無理があります。

そんな催眠は、映画や小説にメイクアップされたものですから、そういったことを目的にしていると、催眠はその存在意義をなくしてしまうのです。

それは、**催眠が信頼関係の基で成り立つもの**だからです。

本章で教える催眠セックスは、男性の欲望を一方的に満たすものではなく、催眠を利用して女性に強いオーガズムを与え、男女の絆を深めるためのものです。

この技術を恋人や妻のような、信頼できるパートナーとの間で使う場合、あなたの想像を遥かに超えて、恐ろしいほどのパワーを発揮することでしょう。

そこでは、あなたが今まで抱いてきたセックスに対するコンプレックスなどはもう存在しません。

ペニスのサイズに悩んだり、持続時間に悩むような、身体を主としたセックスから、精神を主とした高い次元でのセックスができるようになります。

その気になれば、相手の身体に触れずにイカせることだってできます。

それだけ**男女の性行為は、身体のどこをどう愛撫するかではなく、脳をいかに感じさせるかにかかっている**のです。

催眠セックスによって、深いオーガズムを味わった女性は「もう普通のセックスはできない」というぐらい感銘を受けます。

どんなセックスの達人よりも、催眠を使える男性のほうが、確実に強いオーガズムを女性に与えてあげられるのです。

昔は怪しいものとして敬遠されてきた催眠ですが、現代では科学として世界中が注目し、医療やスポーツ、そして教育の場で活用されるようになってきました。

近い将来、フェラチオやクンニリングスと同じくらい、催眠が当たり前のようにセックスの一部として使われる日が来ると私は信じています。

２０１６年11月

林　貞年

【読者の皆様へ】
読者の行なった催眠術および催眠セックスに関して、出版関係者は一切の責任を負わないものとします。催眠術および催眠セックスは自己責任のもとで行なってください。

催眠セックスの技術●目次



# 第1章 催眠セックスの実際

# 第2章 催眠術のかけ方

# 第3章 セックスへのいざない

第4章

# セックス・インダクション

# 第1章

# 催眠セックスの実際

# 女性の局部を敏感にする――感覚支配

催眠術をかける方法はあとで説明するとして、まずは催眠術を使うとどのようなことができるのか、そしてセックスにどのように応用すればあなたのセックス・ライフを充実させることができるのか、催眠の真の力を解説していきたいと思います。

まず、催眠術をセックスに応用するもっともポピュラーなものとしては**『感覚過敏』**という手法が挙げられます。

これは不感症の治療などによく使われている方法で、**感覚に対する暗示を用いて女性の局部を敏感**にしていきます。

催眠では、視覚、聴覚、触覚、味覚、嗅覚といった五感を自由に操作できるので、女性の局部を敏感にすることなど簡単にできてしまうのです。

ただし、相手を催眠にかけて「あなたの局部が敏感になる」とやるのは、少しお粗末なやり方です。

催眠で女性の局部を敏感にする場合は**『ペイン・コントロール』**の要領で行なってい

きます。

ペイン・コントロールというのは、痛みをコントロールする感覚操作の技法で、催眠の先進国では医療に使われるほど強力な手法です。

たとえば、右の足首が痛い患者がいたとします。

そのまま「右の足首の痛みがなくなります」と暗示を与えると、患部の痛みが邪魔をして、どれぐらい暗示の効き目が顕著に出ているのか確認ができません。わかりやすくいうなら、患部の痛みと暗示が相まって、効果が薄れてしまうわけです。

**暗示というのは相手が確認できたものがすべてであり、実感できたものだけがパートナーにとっての現実になる**のです。

だからペイン・コントロールのやり方を応用するのですが、基本的な進め方としては次のように行なっていきます。

まず最初に、差し障りのない別の部位の痛みを操作していきます。

相手を催眠状態にしたら、「私が3つ数えたら催眠から目を覚まします……あなたが目を覚ますと、私はあなたの右腕を撫でます……そして、私が撫でたところは痛みという感覚がなくなっていきます……ですから、私があなたの右腕を撫でたあとは、つねっても叩いても痛みを感じません……」と暗示を与えます。

そして、3つ数えて催眠を解いたら、とりあえず右腕を何回か撫でてみます。

撫で終わったら、痛みの抜け具合を確かめてもらうために、本人に自分の右腕と左腕を交互につねってもらいます。

ここで、「どうですか？ 右腕の痛みは完全に抜けていますか？」と聞いてみて、たとえば「完全に抜けています……痛みをまったく感じません……」といった良好な反応を返してきたら、今度はその痛みの抜けた感覚を別の部位に移動させます。

「私が3つ数えて指を鳴らすと痛みの抜けた感覚が左腕に移動します……」と言って、指をパチンと鳴らします。そして、また本人に腕を交互につねってもらい、痛みの抜けた感覚が左腕に移動したことを確認してもらいます。

もし、痛みの抜け具合があまり芳しくないようだったら、まだ左腕には移動させず、「痛みのレベルが10点満点だとして、いまどれぐらいのレベルまで痛みが抜けていますか？」と訊ねます。

たとえば「7ぐらいまでは抜けているけど、あと3ぐらいは残っているかな……」といった感じなら、また右腕を数回撫でながら、「さらに感覚が抜けて痛みを感じなくなります……」と繰り返し追い込んでいきます。

そして、「もう一度つねってみてください……」と言って、痛みの抜け具合を確認してもらいます。

このように、痛みの度合いをレベルの高さで表現してもらい、完全に痛みが抜けてしまうところまで追い込みます。

そして、暗示を安定させたあと、先ほどのように別の部位（たとえば左腕）に感覚を移動させます。

無痛感覚が移動するところまで確認ができたら準備完了なので、最後の仕上げとして目的とする患部に痛みの抜けた感覚を移動させます。

「今度、私が３つ数えて指を鳴らすと、その痛みの抜けた感覚が、右の足首に移動します……」

そして、左腕（移動させる前の部位）をつねってもらい、そこが普段の左腕に戻っていることを確認させたあとで、「右足首の痛みはどうですか?」と訊ねます。

すると、麻酔をしたわけではないのに、痛かった足首から痛みがなくなっているのです。

最初の右腕から痛みを抜くときに、いきなり「右腕の痛みがなくなります……」と暗示をしないのは、一度の暗示で完全に痛みが抜けてしまうことが少ないからです。

何度も催眠を受けている相手ならともかく、初めての感覚操作は何回か暗示を重ねて完成すると思っていてください。

同じ催眠を何度もかけ直すより、追い込み暗示が使えるように、「私が腕を撫でると痛みがなくなっていく……」と暗示をしておいて、腕を撫でることで、覚醒後（催眠を解いた後）も暗示を重ねて行けるようにしたほうが合理的だということです。

さて、感覚操作の基本であるペイン・コントロールの要領が理解できたら、催眠セックスへの応用です。

女性の膣内やクリトリスの感覚を敏感にするのも同じ要領でやっていきます。

パートナーを催眠にかけたら、次のように暗示を与えてください。

「私が３つ数えたら、あなたはとても気持ち良く催眠から目を覚まします……そして目が覚めたあと、私があなたの腕を撫でると、撫でられたところが敏感になり、あなたは性的に興奮していきます……」

催眠中に与える暗示はこの程度にしておいて、あとは催眠を解いた後で調整していきます。

暗示が良く効いている場合は、催眠を解いたあと、腕を撫でると、パートナーは撫でられた腕をとっさに引っ込めてビックリすることがよくあります。それだけ敏感になっているということですね。

そのあとも、先ほどのペイン・コントロールと同じ要領で、性感が足りないようならマックスになるまでパートナーの腕を撫でながら「どんどん敏感になり、性感が高まっていきます……」と、レベルアップさせていきます。

そして、性感がマックスになったら、敏感になった右腕の感覚を反対の左腕に移動させます。

感覚の移動が確認できたら、最後に性器や胸など、目的とする部位に、敏感になった感覚を移動させればいいのです。

「さあ、そのまま、私が3つ数えて指を鳴らすと、敏感になった感覚があなたの局部に移動し、膣やクリトリスが尋常ではないぐらい感じるようになっています……」

こう言って指を鳴らしたら、その状態で普段と同じようにセックスを行なってください。

パートナーの感じ方がいつもと違うことに驚くはずです。

手っ取り早く、「全身が敏感になる」と暗示してもいいのですが、私の経験上、相手の意識が集中できるように、まずは暗示を与える部位を絞って狭くし、暗示の効用をピン・ポイントで実感できるようにしてあげたほうが若干、効果が高いように思います。

もし、全身の性感を高めたいのなら、まずは局部を敏感にて、高まった性感をパートナーが充分に味わったあとのほうがいいでしょう。

一度、局部を敏感にして、パートナーが普段と違う感覚を味わい、催眠の威力を実感したあとなら、セックスの途中でも暗示を入れられます。

ピストン運動などの動きだけを止めて「3つ数えて指を鳴らすと、敏感になった感覚が全身に拡がります……3……2……1!!」と言って指を鳴らし、ピストン運動を再開してください。

催眠の解き方に関しては、後で詳しく説明するとして、とりあえず暗示の解き方について簡単に触れておきます。

私の経験上、一回のプレイが終わると、催眠を解かなくても勝手に与えた暗示が解けている場合が少なくありません。

でも、与えた暗示の責任を持つのが催眠の鉄則です。

プレイが終わって、少し落ち着いたら、「催眠は解けてる?」と聞いて、「うん、解けてる……」と言えばそれでいいですし、「まだかかっているような感じがする……」とか、あきらかにかかっている状態が見て取れたら、「では、完全に暗示が解けて元に戻ります……」と言って、目の前で柏手《かしわで》を打って大きな音を出せば解けます。

こうやって暗示をしっかり解く行為は、誘導するあなたと、催眠セックスを受けるパートナーとの間に強い信頼ができ、次回のプレイのときも、嫌がらずに催眠を受けてくれるようになります。

それから、ペイン・コントロールについての注意ですが、欧米のほうではがん患者の痛みのコントロールに使われるほど力を持っているものです。

それでも、痛みというのは身体の不具合を教えてくれる大事な信号の役目をしています。

ちょっとした実験や感覚支配ができるかどうかの確認のために行なうのは問題ないと思いますが、ペイン・コントロールを医療行為として行なったりすると、法律的にも問題がでてきますから、催眠ができるようになったからといって、むやみに人の痛みをコントロールする行為は自粛するようにしてください。

## 興奮時の女性器を作り出す――暗示の合わせ技

催眠の感覚支配では、痛さや気持ち良さだけでなく、熱いとか冷たいといった**『体温感覚』**も操作できます。

ある実験では、「右腕は熱いお湯の中に漬けてあり、左腕は冷たい氷水に漬けてある」と暗示したところ、右腕と左腕に、なんと4度もの差ができたという報告があります。

この**『体温操作』**と、先ほどの**『感覚操作』**の暗示を合わせて**興奮状態のときの女性**

**器を作り出す**こともできます。

パートナーにベッドの上で裸で横になってもらい、催眠に誘導したら次のように暗示を入れていきます。

「さあ、あなたの性器はとても敏感になり、性的興奮を受けやすくなりました……そして、そのままの状態で、性器が徐々に熱くなっていきます……いいですか？……私が指を一回鳴らすごとに性器の熱がどんどん上がっていきます……そして性器の熱が上がるごとに、あなたの脚は開いてきます……（パチン！）ハイッ、熱ーくなる……（パチン！）どんどん熱くなる……」

このような感じで暗示をつづけていくと、声をもらしながら徐々にパートナーの脚が開いていくはずです。

充分に脚が開いたところでセックスを開始すると、パートナーはいつもと比べものにならないぐらい感度抜群になっています。

女性が性的に興奮してくると性器が熱くなります。

脚が開き、局部は敏感になり、なおかつ熱をもっているということは、まさにセックスをして興奮しているときの状態を作り上げているわけです。

このように、**暗示はひとつの目的に対し、いくつか繋ぎ合せたり、別の暗示を重ねることで強化させることもできる**のです。

## 他人に起きていることが自分に起こる――感覚の同化

このような、女性の感度を上げる催眠セックスをにわかには信じがたい方もいると思います。

実際に催眠セックスをやりはじめて、自分が行なっているにも関わらず、疑いの念をもっている催眠初心者の方もいるぐらいですから、催眠をやったことのない人が信じられないのも無理はないと思います。

しかし、**催眠状態では、暗示された事柄に臨場感が伴うようになる**のです。

術者が「いま犬を抱いています」と言えば、被験者は本当に犬を抱いている感覚になりますし、「背中がかゆい」と暗示すれば、気のせいではなく本当にかゆくなります。

ではなぜ、催眠にかかると、感覚が術者の言った通りになってしまうのでしょうか？人間が物事を自分の中に取り入れるとき、有りのままに認識するのではなく、情報と一緒に取り入れるからです。

いま二人の人間がいて、同じ一本の青い万年筆を見ているとします。その二人が万年筆の色を同じ青として認識していると思ったら大間違いで、同じ青でも、二人は違った青として認識しているのです。

一人は「この部屋は少し暗いから、本当の色はもう少し明るい青なのだろう」といった情報と共に認識すると、見えているものより、少し明るい青色が脳に伝わります。もう一人は、万年筆を見る前に、明るい青色の何かをたくさん見ていたとすると、目の前にある万年筆の色を、実際の青より少し暗い青として脳に伝えます。

このように、人は五感を通じて物事を認識するとき、過去の記憶に基づいた情報や、その場の状況を考慮した自分特有の情報によって、一人ひとりが違うものの見え方、感じ方をしているのです。

そして、そのほとんどが本人の気付かないところで無意識に行なわれています。その情報の中には、当然、他人から与えられた情報もあり、とくに催眠にかかっているときには、術者から与えられた暗示（情報）に重きを置いているので、暗示されたことにリアリティーが生じてしまうというわけです。

催眠をかけている者と、かけられている者の間に無意識の信頼関係ができてくれば、黒い物を術者が青と言ったら、被験者は本当に青に見えてしまいます。

つまり、相手の女性は、「性器が敏感になる」と暗示されたら、ただ気分がそうなっているだけではなく、術者に言われたことを本当に体感しているのです。

それでもまだ、感覚の変化に疑いを持つ人がいるのなら、逆に「身体の感覚が鈍くなり、どこをどんなふうに触っても、あなたは何も感じません……」と暗示をしてみてください。

いつもは敏感であるはずのクリトリスをどんなふうに愛撫しても、ピクリとも動かないはずです。

また、感覚に関する催眠セックスといえば、ある別のものとパートナーの感覚を同化させる方法もあります。

催眠術ショーなどではよく見かけますが、ステージに上げられた観客にクマのぬいぐるみを見せながら「このぬいぐるみに起きていることがあなたの身体にも起こります……」と暗示します。

そして、催眠術師がぬいぐるみの手を持ち上げると、催眠にかかっているステージの上の観客も同じように手を上に上げます。

そのままぬいぐるみの脇をくすぐると、脇を押さえてのけぞります。

この『**感覚の同化**』を利用すると、**女性の身体に触れることなく簡単にオーガズムに導くこともできる**のです。

「私が３つかぞえたら、あなたはとってもすっきりとした良い気持で催眠から覚めます……そして目が覚めたあなたは、私と一緒にＡＶを観ます……しかし、そのＡＶを観ると、とっても不思議なことが起こるんです……私がそのＡＶに出演している女性を指さして、「この人が主役です」と言うと、私が指をさした主役の女性に起きていることが、そっくりそのままあなたに起こります……その女性がされている愛撫の感覚、そしてその女性が感じていることがそのままあなたに起きるんです……」

このように暗示をしたら催眠を解き、ＡＶを観てもらいます。

もちろん観せるAVの内容で女性の反応も違ってきますが、感度の良い女優が出演しているAVを観せると、ほとんどの女性が隣で喘ぎ声を出して絶頂まで上りつめます。

では、ここで少し暗示のアドバイスをしておきます。

先ほどの暗示文の中に「私がそのAVに出演している女性を指さして、『この人が主役です』と言うと、私が指をさした主役の女性に起きていることが、そっくりそのままあなたに起こります……」とあります。

ここは見逃してはいけないところで、催眠暗示というのは、相手が思考を使わないように与えていかなくてはいけません。

たとえば、スパン（お尻を叩く性行為）などで女性をイカせるときは、「私が右のお尻を叩いたらすごく感じて、イキそうになりますが、ギリギリのところでイクことができません……そして、私が左のお尻を叩いたら、あなたは思いっきりイってしまいます……」と暗示を与えた場合、パートナーは自分から見て右のお尻なのか、あなたから見て右のお尻なのかわからないので、ここで迷い（思考）が生じてしまいます。

催眠中に思考が働いてしまうと、暗示の力が一気に弱くなってしまうのです。

だから、こういうときは実際に手で触れて、次のように暗示を与えます。

「私がこちらのお尻を叩いたら、あなたは性的に興奮しますが、どうしてもイクことができません……叩けば叩くほど興奮度は増していきますが、どんなにイキそうになってもイケないんです……しかし、私がこちら（反対の）お尻を叩いたら、あなたは我慢した分が一気に噴火して、爆発的なイキ方でイッてしまいます……」

このようにすれば、パートナーが右か左か迷って暗示が弱くなることを避けられます。催眠暗示を成功させるコツは、**相手が最初から最後まで頭（思考）を使わずに暗示を受けられるように、術者のほうが頭を使い、細かい描写まで暗示をしてあげる**ことです。

だから、ＡＶ出演者との『**同化暗示**』のときも、内容がマスターベーションのようなもので、出演者が女性一人の場合はいいですが、複数の場合は、たとえそのＡＶに女性が一人しか出演していなかったとしても、特定の人物を指定してあげることが肝心なのです。

「ＡＶの中の人物に起きていることがあなたにも起こります……」と、雑な暗示の与え方をしたら、パートナーは反応が鈍くなるか、どの登場人物のことを指しているのかわからず、まったく反応することができないときだってあるのです。

## 女性を欲情させる系統的暗示法――感情支配

催眠にかかると、喜怒哀楽などの感情を簡単に支配できるので、「面白くて笑いが止まらない」と暗示すればゲラゲラと笑いだし、「悲しくて涙が止まりません」と暗示すれば、本当に涙を流しながらシクシクと悲しみます。

催眠セックスでは、この『**感情支配**』を利用して、パートナーの欲情をコントロールしていきます。

ただし、「あなたは欲情します」とやるのではなく、感情を支配するときには、潜在意識の性質を考慮して、段階的に行なっていきます。**潜在意識は急激な変化を嫌う**からです。

まず、パートナーをベッドに寝かせたら、催眠にかけて次のように進めていきます。

「あなたはいま発情期に入っています……発情期に入っているあなたの性的欲求は天井

知らずで、どんどん登りつめていきます……さあ、私がこれから数を10まで数えると、あなたの欲情は自分の枠を超えてしまい、いままでの経験にないぐらいの興奮状態になります……はい、1……気持がどんどんいやらしくなってくる……2……どんどんエロチックな気持ちになる……3……エッチな気持ちに抑えが効かなくなる……4……欲情を抑えられなくなって声が漏れてくる……5……声がどんどん大きくなる……6……声が大きくなればなるほど気持ちが欲情してくる……7……もう興奮を抑えられませんか……8……さらに声が大きくなる……9……もう自分ではどうにもできない……さあ、そして次に私が10を数えたら、あなたは目を覚まします……そして目を覚ますと、いままでの人生でこんなにスケベになったことがないというぐらいエロチックな気持ちになっています……」

このように誘導すると、暗示の途中で悶えたり、声を漏らしたりすると思いますが、そのまま最後のカウント10まで終えて覚醒させてください。

パートナーは発情期の状態になっているので、とても激しいセックスになると思います。

読者の中には、先ほどの暗示文を見て、少し焦れったく感じる人もいるかも知れませんね。

「そんなことをしなくても、もっと強烈な暗示を入れてしまえば手っ取り早いのに……」と思う方もいると思います。

欧米では、催眠状態を深めるときに「私が指を鳴らすと、催眠状態がいまの1000倍深くなります……」といった暗示の与え方をする団体もありますが、これはあまり褒められた暗示の与え方ではありません。

被験者がこの暗示を「催眠がすごく深くなる」と解釈した場合は効果があるでしょうが、文面通りの「1000倍の深さになる」と、リテラル（文字通り）に解釈した場合、被験者の無意識は「それは不可能です」と判断します。

催眠誘導の際に、不可能なことを暗示すると、術者の暗示から信憑性が薄れてしまい、暗示の力が弱くなっていくのです。

ですから、的確に誘導を進めていきたいのなら、無謀な暗示は与えないことです。

催眠に導入する手法では、神のような成功率をあげてきたミルトン・エリクソンの催眠メソッドでも、相手が反発できない暗示を投げかけることで揺るぎない成功率をあげていました。

たとえば、「あなたのお腹が温かくなります……」と暗示したとすると、お腹が温かくなるかならないかの選択になり、もしお腹が温かくならなかったら「暗示の通りにならなかった」というマイナスの要素ができてしまいます。

でもこのとき「あなたの無意識はお腹を温かくすることができます……」と暗示をすると、被験者は反発のしようがありません。お腹が温かくなるかならないかを被験者の無意識に委ねているからです。

「私が3つ数えるとあなたの性的興奮は100倍になります……」とか「1000倍になります……」などと無謀な暗示を与えて反発をかうよりは、エリクソン・メソッドの概念からもわかる通り、一見地味に感じますが、「あなたはどんどん興奮する……」といった**暗示を段階的に積み重ねていったほうが、的確に誘導を進めていける**のです。

## 本物より効き目のある興奮剤――プラシーボ

さらに、性的興奮をアップさせたいのなら、**『プラシーボ法』**というテクニックがあります。

プラシーボというのは『**偽薬**』という意味で、月並みなエピソードで説明すると、腹痛をうったえてきた患者に「これは最新の整腸剤です」と言って、毒にも薬にもならない栄養剤を飲ませると、たちまち腹痛が治ってしまうというものです。

**人間の身体は潜在意識が信じた通りになる**のです。

催眠セックスへの応用としては、パートナーを催眠に誘導したら、次のように暗示を与えていきます。

「私が3つ数えたら、あなたは気持ち良く催眠から目を覚まします……そして、目が覚めると、テーブルの上に液体の入ったコップが二つ並んでいることに気づきます……右のコップには強力な興奮剤が入っていて、それを飲むと、あなたは性的に興奮して気持ち良くなっていきます……その興奮は、私とセックスをすることによって、どんどん増していき、自分では止められなくなります……そして、左側のコップには、右側のコップに入っていた興奮剤を一瞬で消し去る薬が入っていて、ひと口でも飲むと、たちまち元の自分に戻ります……いいですね、では目を覚ましましょう……3……2……1!!

……ハイッ!!……目を覚まして……」

文字通り、テーブルの上には液体（中身は水でもお茶でも構わない）の入ったコップを二つ用意しておきます。

そして、右側のコップに入っている液体を催眠から目を覚ましたパートナーに飲んでもらい、効き目が出てきたころを見計らってセックスを行ないます。

さて、この催眠セックスでは重要なポイントがあります。

「興奮剤が入っている」と暗示した液体を飲ませる前に、必ず暗示を解除するための液体を用意しておくことです。

ただの水を興奮剤だと暗示したとしても、パートナーからすると、その液体を飲んだことで実際に興奮したわけです。

つまり、パートナーの潜在意識にとっては本当の興奮剤になっているのです。

そして、その興奮をもたらした液体は、まだ確かに自分の体内に入っているのですから、術者の言語暗示だけでは解除されないことがよくあります。

したがって、**プラシーボを利用した場合は、必ずプラシーボでその効用をなくすよう**

**に、すべてが解除される薬（液体）を事前に用意してから催眠セックスを開始する**ようにしてください。

## 「あなたは私が好きになる」という催眠の使い道――感情支配

催眠によって性的感覚をピークまで高めることができたら、普段は見ることができないパートナーの乱れた姿を見ることができるでしょう。

でも、催眠セックスのパワーはこの域ではありません。**感情に対する暗示によって性感の限界を超えさせることができる**のです。

性的感覚を限界まで引き上げたあと、その限界を超えさせるためには、好意の感情を操作します。

つまり、術者であるあなたのことを「死ぬほど好きになる」と暗示するのです。

やり方ですが、これもほかの方法と同じで、いきなりメインの暗示を与えるのではなく、好きという感情が完全に操作できていることを確認してから目的の暗示に取りかかります。

まず、パートナーを催眠にかけたら、差し障りのない何か、たとえばあなたが身につけている腕時計などをテーブルの上に置いて、次のように暗示を与えていきます。

「私が3つ数えたら、あなたは気持ち良く催眠から目を覚まします……そして、目が覚めたあと、テーブルの上に置いてある腕時計を見ると、その腕時計が好きで好きでたまらなくなります……」

このように暗示をしたら、パートナーを催眠から覚醒させ、腕時計を指さして「これどう思いますか?」と聞いてみてください。

「好き」と言いながら大事そうに触るはずです。

さらに「どれぐらい好きですか?」と聞いて、「すごく好き」といった感じの反応だったら、すでに「好き」という感情を支配できていますから、今度は「私の声が好きで好きでたまらなくなる」と暗示を与えます。

そして、「私の声をどう思いますか?」と聞いてください。

「すごく良い声……私その声好きです……」といったような反応が返ってきたら、準備は万端です。もう本題の暗示を与えても大丈夫でしょう。

パートナーをベッドに寝かせたら、改めて催眠に誘導し、次のように暗示を与えていきます。

「3つ数えたら、あなたは気持ち良く催眠から目を覚まします……そして、目が覚めたあと、私があなたの身体に触れた瞬間から、あなたは私のことが死ぬほど好きになります……私の声、そして私の体温から肌の感触まで、すべてが好きで好きでどうにもならなくなります……そんな私を相手にセックスをすると、あなたは幸福を通り超えて、焦りを感じてしまうほど興奮してしまいます……」

このように暗示を与えて催眠から覚醒させたら速やかにセックスを行なってください。

催眠を使ったセックスでは、ときどきオーガズムに達したとき、恍惚状態に陥り、気を失ったかのようになる人がいます。

話しかけても返ってこなくなることがたまにありますが、私の場合はそのまましばらく放置しておくと、ほとんどの女性が数秒から数分で我に返ります。

では、ここで『**感情支配**』のメカニズムを少し説明しておきます。

催眠を使うと、確かに自分のことを好きにさせることができるのですが、残念ながらこれは一過性のものであって、催眠中に与えた暗示というのは、通常しばらくすると暗示を解かなくても自然と解けて元に戻ってしまいます。

だから、あなたに好意を持っていない人に催眠をかけて、彼女にしたり、奥さんにしたりといったことはできないのです。

また、好きになるといった感情も、実際のものとは違い、自分が催眠にかかってそうなっているのだということをパートナーの無意識は冷静に理解しています。

たとえるなら、映画館で映画を観ているようなもので、悲しい映画を観たら悲しい気持になって涙を流し、ホラー映画を観ると恐怖が襲ってきます。でも、それは映画を観ているせいだとわかっているはずです。

どんなにのめり込んでも、映画の中で殺人事件が起きたからといって110番する人などいませんよね。

催眠での『**感情支配**』もこれとまったく同じ仕組みです。

しかし、一時的なものとはいえ、パートナーに強いオーガズムを与えるためには充分過ぎるほどのパワーを持っています。

ちなみに、催眠は別の暗示を重ねることで、とても強力な暗示になることはすでに述べましたが、先ほどのプラシーボ効果を利用するなら、液体の入ったコップを４つ用意して、次のように暗示を与えると、さらに効果を増します。

「私が３つ数えたら、あなたは気持ち良く催眠から目を覚まします……あなたが目を覚ますと、目の前にあるテーブルの上に液体の入ったコップが４つ並んでいます……一番右のコップには感覚を敏感にする薬が入っていて、それを飲むと、ほんの少し身体を触られただけでイってしまいそうなぐらいに感度が上がります……そして右から二番目のコップには、感情がエロチックになる興奮剤が入っていて、それを飲むと欲情がピークになるぐらい興奮します……そして右から三番目のコップには、私のフェロモンが大量に溶かしてあるので、それを飲むと、私のことが死ぬほど好きになります……一番左側のコップには、３つの液体すべての効力が一気に解除される薬が入っています……」

このように暗示を与えて、パートナーを催眠から覚醒させたら、右から順番に三つ目のコップに入った液体まで飲んでもらいます。

あとはそのままセックスを行なってください。

暗示が効きすぎて、早い呼吸が長く続くようだと酸欠状態になって、失神してしまうことがあるので、様子を観ながらセックスを中断するなり、催眠を解くなりして調整してください。

この判断は現場にいるあなたにしかできないことですから、あなたが責任をもって行なってください。

催眠にしろ、セックスにしろ、何かあったときはすべての責任をあなたが取らなくてはいけないのだから、パートナーを感じさせることだけに捕らわれず、パートナーを守る配慮を怠らないようにしてください。

## 普通の煙草がマリファナになる――味覚変換

プレイの一環で、女性が男性の精液を飲むような行為があります。

こういったプレイを喜ぶ男性もいれば、このプレイの何が気持ち良いのかわからないという男性もいます。

女性の中にも男性の精液を飲むことが興奮材料になる人もいれば、精液が不味くて飲むのが苦手だという女性もいます。

催眠では味覚を操作できることから、精液を飲むのが苦手な女性に催眠をかけて、「精液の味が美味しくなる」と暗示をして飲ませる術者もいるみたいです。

ただ、催眠セックスに限らず、性行為はお互いが恍惚とした気持の良さにたどり着くことを目標にするから良いセックスができるのであって、片方が辛さを我慢をするセックスではエクスタシーにはたどり着けません。

とくに、本書で紹介する催眠セックスは、催眠という媒体を使って、男性が女性にオーガズムを与えるのが本来の目的になっていますから、男性側の利己的なものについては、ここでは触れないことにします。

さて、次に紹介する『**味覚変換**』は、プラシーボ法の応用のような催眠セックスなんですが、ここでは普段のセックスでは味わえない感覚を足してみたいと思います。

とりあえず、相手の女性が喫煙者という場合を想定して話を進めていきますので、理論が把握できたら、自分なりに応用してみてください。

まず、ウーロン茶のペットボトルを一つ用意して、お茶でも水でもいいので少量入れて、テーブルの上に置いておいてください。

「私が３つ数えたら、あなたは気持ち良く催眠から目を覚まします……あなたが目を覚ますと、私はあなたに『これをどうぞ』と言って一本の煙草を差し出します……でも、その煙草は普通の煙草ではないんです……マリファナと同じ成分の煙草で、ひと口吸うと、身体が空中に浮いているような、まるで宇宙空間に浮かんでいるような感じになります……そして二口目を吸うと、全身がゾクゾクするような快感が全身を駆け巡り、しゃべることすらおっくうになります……そして三口目を吸うと、身体が小刻みに震えだし、快感が倍増していきます……その感覚は、私が暗示を解くか、テーブルの上にある暗示の効き目が一気に解除されるウーロン茶のペットボトルに入った液体を飲むか、あなたがオーガズムに達するか、このどれかが実行されるまでいつまでもつづきます……」

このように暗示をしたら、「これをどうぞ」と言って煙草を手渡します。

そして、ひと口ずつ3回吸ってもらい、「さあ、効いてきた……何ともいえない良い気持だ……ほら身体が震えだすよ……」といった具合に追い込み暗示を与えていきます。

表情を観察して、パートナーが恍惚とした状態になったら、手から煙草を取り上げて、そのままセックスを行ないます。

プレイが終わったら、「暗示は解けていますか?」と聞いて、もし「まだ効いているような気がします」などと言われたら、ウーロン茶のペットボトルに入った液体を飲ませて、ソファーにゆったり座らせたら、プレイ中の感想など話し合いながら落ち着くまで会話をつづけます。

というのは、煙草をマリファナにしたり、水を強いお酒に変えると、暗示が完全に解除されるまで、人によって少しタイムラグが発生したりするからです。

これを『**副産現象**』といいますが、術者がオドオドしなければすぐ元に戻るので心配はいりません。

## 二人で行なう三人プレイ――聴覚と触覚の同期化

催眠によって五感を操作できることはすでに述べましたが、暗示の与え方ひとつで別の感覚同士を結び付けることも可能です。

何か単調なリズム音が用意できれば理想なのですが、いまだとスマートフォンのダウンロードアプリなどを利用して、メトロノームの音を入手できると思います。

アプリのメトロノームの音だとスピードなども調整できて、それこそ理想的かも知れません。では、単調なリズム音が用意できたとして、パートナーをベッドに寝かせてください。

そして、催眠をかけたら、次のように暗示を与えていきます。


「私が3つ数えたら、あなたは気持ち良く催眠から目を覚まします……あなたが目を覚ましたあと、どんなときでもこのメトロノームの音が聞こえてきたら、あなたが何をしていても、どんな姿勢でいても、あなたのバギナにピッタリのペニスが挿入されていて、音のリズムに合わせて激しくピストン運動をされている感覚になります……そしてどんどんと登りつめて、最後にはオーガズムに達して気を失ってしまいます……気を失っている間、あなたは宙に浮いているような何ともいえない最高の気分でいることができます……私があなたの身体に触れて『起きて』と言うまで、あなたはその最高の気分をずっと味わっていることができます……」

このように暗示を与えたら、催眠を解き、パートナーにフェラチオをしてもらうように頼んでください。

パートナーがフェラチオを始めたら、「くわえたペニスは絶対に離さないで」と言って、スマートフォンからメトロノームの音をボリューム全開で聞かせます。

ペニスで口を塞ぐのは、パートナーの喘ぎ声でメトロノームの音をかき消されないためです。

そのままメトロノームの音を聞かせていると、多くの女性がフェラチオをしながら鼻から喘ぎ声を洩らし、下半身をグニャグニャとさせて悶えるはずです。

パートナーは二人の男性を相手にしているのと同じで、いわゆる3Pをやっている感覚になるからです。

この状態をしばらくつづけ、パートナーの興奮状態を観察しながら、エスカレートするようにカウントを交えて追い込んでいきます。

「ピストン運動（メトロノームの音で作り出された）をされるたびに、あなたはどんどん感じていきます……いまから私がカウントダウンを始めます……私が1を数え終えたとき、あなたはオーガズムに達して、体中の筋肉がブルブル震えながら、気を失ってしまいます……はい、5……どんどん気持ち良くなる……4……もうイキそうなぐらいに気持ち良い……3……もっとイキそうになる……でも我慢して！……2……もう限界に近づきました……でも我慢してください……さあ、最後のカウントをすると、あなたは完全にイッてしまう……はい、1!!……ほら、身体がブルブル震えながらイッてしまう!!……もっと震える!!……そして気が遠くなる……そのまま気が遠くなって気を失う!!……とっても良い気持です……」

最後の1を言い終わると同時に、あなたは腰を引いてフェラチオをしているパートナーの口を解放してあげてください。

多くの女性が大きな声を出しながらオーガズムに達するはずです。

## ストレスを利用して欲情を掻き立てる――欲情転移

人の心というのは抑えつけると必ず反発します。

心理学ではこの抑えつける力を『**抑圧**《よくあつ》』といい、反発する力を『**衝動**《しょうどう》』といいます。

次の催眠セックスでは、抑圧と衝動が引き起こす葛藤を利用して、パートナーを欲情させる方法を紹介していこうと思うのですが、この方法はとくに喘ぎ声の大きな女性に効果的です。

催眠は相手の筋肉を容易に支配してしまうので、「椅子から立てなくなる」とか「脚が硬直して動かすことができない」といった暗示は簡単にかけることができます。

そして、ここでは声を出す声帯筋《せいたいきん》に暗示をかけて、喘ぎ声を出せなくしてしまいます。

ただし、「声を出すことができない」と暗示するだけだと、あなたの愛撫に対する反応のすべを失ってしまって気分が乗らなくなり、パートナーの欲情自体が失速していくことがあります。

だからはけ口を完全になくしてしまうのではなく、小さくするのです。

「これから、あなたは私とセックスをします……ただし、今日はいつものように声を出すことができません……でも、声を出すことができない分、あなたの欲情は両腕に出てきます……声は一切、出すことができません……」

この暗示だけを与えてセックスを行なってください。

普段、大きな声が出てしまう女性は、手の動きだけではすべてを発散できませんから、性的抑圧を手の動きでしか発散できないストレス（もどかしさ）が欲情を掻き立てるのです。

普段、一回のオーガズムで満足するパートナーが何度も求めてきたり、異常なほど積極的になったりと、何かしらの変化を起こすはずです。

それだけ、ストレスというのは、使いようによってはセックスにとても役に立つということです。

もし、パートナーに大した変化が起こらない場合は、普段の喘ぎ声が演技であることが考えられます。

それから、欲情がすべて両手に出てくるとなると、男性の背中をかきむしるのではないかと心配される方もいると思います。

もしそういった兆候が見えたら、すぐにパートナーの両手を抑えつけて、「あなたの欲情は両腕ではなく脚に出る……」と暗示を変えてください。

このとき、手や脚ではなく、「欲情が腰の動きに出る……」と暗示してしまうと、パートナーは腰を激しく動かすことにより、自らの性器に満足がいくだけの刺激を与えることができるようになるので、抑圧をすべて発散してしまいます。

そうなると、本来の目的であるもどかしさを与えることができなくなってしまうので、腕、もしくは脚に**『欲情転移』**を行なってください。

ところで、ときどき男性から「妻がセックスをさせてくれない」といった悩みを相談されることがあります。

これも、共働《ともばたら》きで子供がいたりすると、普段の生活に疲れて、旦那さんの夜の相手まででできないという話なら奥さんの気持ちもわからなくもないのですが、実際には、旦那さんのセックスを拒む奥さんは、専業主婦の割合のほうが高いのです。

旦那さんが「なぜセックスをさせてくれないのか？」と聞くと「疲れているから」と

言われるパターンが多く、それを聞いたご主人は、子育てが大変なのだと思い、主婦業を毎日一生懸命に手伝ったりします。

でも、これは逆効果です。

奥さんのほうは、日常でのストレスがかかっていないから、日常から逃避するためのセックスをする必要がないのです。

この状況から主婦業まで手伝うと、日常的ストレスはもっと軽減されて、セックスへの意欲がさらに減退していきます。

そうはいっても、せっかくストレスのない充実した生活を送っている奥さんに、わざわざストレスを与えるわけにもいきませんし、その原因をご主人が作り出しているとなると、二人の間に亀裂が入ってしまう危険性も出てきます。

かといって、この状況でご機嫌を取るかのように、一生懸命に主婦業を手伝っても、セックスレスが解消されることはありません。

だから、奥さんのほうから求めてくるぐらいの快楽を与えられるセックスが必要なのです。

そのためにも、本書で紹介する催眠を応用したセックスをマスターしてください。

## パートナーを淫乱な女性にする――人格変換

いつもワンパターンのセックスをしていると、相手の女性が飽きてくるのは当たり前の話ですが、これは男性側からしても同じことがいえますよね。ワンパターンのセックスは、やっている自分もつまらなくなってくるはずです。

でも、もし相手が、毎回別人のようになってセックスをしてくれたら、男性は飽きずに楽しむことができます。

そしてそれは、女性にとっても興奮材料になります。

催眠には**『人格変換』**という技法があり、**控えめな女の子を一時的に淫乱な人格に変えることができる**のです。

「私が3つ数えたら、あなたは気持ち良く催眠から目を覚まします……目を覚ましたあとで、私が『興奮してる？』というキーワードを言うと、あなたは有名なSMクラブの女王様になって、どエスぶりを発揮します……あなたは世界中でもっともエッチな女性です……そして、目が覚めたら、あなたはただちに私とセックスを開始します……そして、あなたは自分がどれだけスケベで、どれだけエロチックなセックスをする女性なのか、言語や行為など、あらゆる手段を使って私に一生懸命アピールします……」

このように暗示をしたら、催眠を解き、そのままセックスを行なってください。

パートナーは別人のように積極的なセックスをするはずです。

そして、**変貌している自分自身の行為に女性は異常に興奮する**のです。

また、セックスの最中「興奮してるの？」と、埋め込んである暗示（キーワード）を一回だけで終わらせず、頃合いを見て、ときおり何度かキーワードを放つと、そのたびに積極性が増して、少々乱暴なほどの行為をしてくると思います。その自らの行動に触発されたパートナーは、さらに欲情を増していくのです。

この催眠セックスを何度となく行なっていると、パートナーのその後のセックスが変わり、積極的なセックスをするようになりますが、その分、セックスが以前より好きになる傾向があるようです。

それから、自らの行為に興奮するといえば、淫語（卑猥《ひわい》な言葉）を言わせることも効果的です。

ただし、「あなたはこのあと私とセックスをすると卑猥な言葉をいろいろ言います……」という暗示ではうまくいきません。

これは前にも述べましたが、催眠にかかっている相手は思考がほとんど働いていません。

途中で頭を使わないように、こちらが頭を使い、細かい指示をしてあげるのが暗示のコツだと言いました。

たとえば、「私があなたの右の乳房を触ると、『お○んこ気持ちいい!!』と叫びます……」という暗示は成功しますが、「あなたが興奮してきたら淫語をたくさん言います……」という暗示はほとんどの場合、成功しません。

後者は何を言ったらいいのか頭を使わなければならないからです。

もし、「あなたが興奮してきたら淫語をたくさん言います……」といった暗示で、本当に淫語をたくさん言い出す女性がいたら、理由はふたつ考えられます。

ひとつは、その女性が以前AVなどを観て、その中で女性が淫語を言っていたのが記憶のどこかに残っている場合、そしてもうひとつは、その女性が催眠の暗示で淫語を言っているのではなく、催眠セックスという名目のプレイを楽しんでいるだけの場合です。

はっきりいうと、その女性は催眠にかかっておらず、振りをしているだけだということです。

## 女性の願望を丸裸にする――催眠分析

人の深層心理というのは、自分でもわからない部分が存在するものです。

ある女性に「どんなセックスに興奮しますか？」と聞くと、「私は好きな人に背中を舐められるところを想像するとゾクゾクして興奮します」などと言う。

でも、その人を催眠状態にして、興奮するセックスを聞き出してみると、「プロレスラーのような体格の良い人に、太い腕で抑えつけられながら強引にされるのがいい」と言ったりします。

催眠状態では、理性が静まり、本能が優位になるので、このように深層心理が表に出てきやすくなるんです。

もし、相手がどんなセックスを求めているのかわかれば、歯車が大きくズレたようなセックスにはならないで済みますよね。催眠はそれを可能にします。

パートナーを催眠状態にしたら、次のように誘導してみてください。

「私が3つ数えたら、目を閉じたまま、あなたの目の前にテレビモニターが見えてきます……3・2・1・ハイッ！……さあ、いまあなたにはテレビモニターが見えています……そして、次に3つ数えると、そのモニター画面にとってもエロチックなAVが映し出されます……そしてAVが映し出されると、あなたはそのAVの内容を詳しく実況します……はい、3・2・1！　さあ、見えてきました……どんな映像が見えてきましたか？……」

このように誘導したら、「出演者は何人いますか？」「女性は何人？」「どんなことをしていますか？」といったように、細かい質問をしてください。

パートナーは閉じたまぶたをピクピクさせながら、あなたの質問に答えていくことでしょう。

これにより、パートナーがどんなシチュエーションに性的興奮をするのか顕わになります。

なぜなら、暗示の中に「とってもエロチックなＡＶが映し出されます……」とあります。

そのエロチックなＡＶというのは、誰にとってのエロチズムなのかというと、他でもありません。あなたのパートナーがもっともエロチックだと思う内容がイメージとして映し出されているのです。

これが、催眠セックスで深層心理を顕わにする**『催眠分析』**です。

ただし、人の深層心理がいつも同じものを求めているのかというと、そうではなく、女性の秘めた思いといえども、それは常に変動を繰り返しているのです。

男性も、色っぽい女性とハードなセックスがしたいときもあれば、可愛い女の子とソフトなセックスがしたいときもあるはずです。

だから、どんな深層心理が出てきても、パートナーは「そのシチュエーションだけに興奮するのだ」などと決めつけないことです。

ときおり内容が同性愛者のからみだったりすることもありますが、だからといって、必ずしもパートナーが同性愛者とは限りません。あくまでもパートナーがそのときエロチックだと思うシチュエーションが映し出されているだけなのです。

それから、映し出されている映像がはっきり見えていても絶対に口に出さない人がいます。

その場合は、無理強《むりじ》いしないでください。

その内容を口に出すことによって、自分の日常生活に支障をきたすと判断した潜在意識がその人の口を塞いでいるのです。

また、分析といえば、あなたが普段パートナーに行なっている愛撫の力加減の微調整に役立つものもあります。

パートナーを催眠状態にしたら、次のように暗示を与えます。


「私が3つ数えたら、あなたは気持ち良く催眠から目を覚まします……目を覚ましたあとで、私はフェラチオをして欲しいと頼みます……そしてあなたがフェラチオを始めると、不思議なことが起こります……あなたの性器と私の性器の感覚が同化しているのです……ですから、あなたが私のペニスに与えた刺激はそっくりそのままあなたの性器にも起こるんです……そして、あなたはその感覚を楽しみます……」

このように暗示をして催眠を解きます。

パートナーが目を覚ましたら、フェラチオをしてもらってください。

このときの力加減が、いつものフェラチオより力強かったら、あなたがいつもパートナーに行なっている愛撫は、少しだけ強くしても大丈夫です。

反対に、いつもより優しい感じがしたら、あなたがいつもパートナーに行なっている愛撫をもう少し優しくしないといけません。

これは前に出てきた『**感覚支配**』の手法ですが、こういった使い方もあるということですね。

## 女性を盛《さか》りのついたメスに変える――メンタル・リハーサル

催眠療法の技法に、苦手なものを克服する『**メンタル・リハーサル**』というテクニックがあります。

わかりやすくいうなら、催眠中に行なうイメージ・トレーニングのようなもので、違うところといえば、イメージ・トレーニングで浮かべるイメージは、ただの想像のようなものですが、催眠中に浮かべたイメージには臨場感が伴うところです。

たとえば、いま香水の瓶を開けたところを一生懸命にイメージしても、それは空想の域を超えることはありませんよね。

でも、催眠状態のときに「あなたは香水の瓶を開けました」と暗示されると、手に瓶を持っている感触もありますし、実際に匂いもします。

催眠療法では、この臨場感を利用して、イメージの中で恐怖にトライしてもらい、最終的に苦手なものを克服していきます。

あがり症の人に、「あなたは人前に出てもあがりません」などと暗示を入れてもほとんど効果はありません。

このような言語暗示が効いたとしても、時間と共に効力はなくなり、すぐに元の自分に戻ってしまいます。

催眠であがり症を克服する場合は、催眠中のイメージの中で、逆にあがっている自分をたくさんイメージしてもらいます。

いろんな場面であがっているイメージを繰り返し、人前に出たときの緊張に慣れてもらうわけです。

あがっている自分を何度も何度も体験してもらうことで、恐怖が恐怖でなくなり、現実世界でも恐怖にトライができるようになります。

人前に出たときの緊張に慣れて、その緊張があなたの中で当たり前の感覚になったとき、あがり症は克服されているのです。

ただの空想の中でいくらイメージ・トレーニングを繰り返してもほとんど効果はありませんよね。

だからといって、いきなり現実の世界で人前に出てしまうと、心がダメージを受けて立ち直れなくなる可能性もあります。

だから、感覚的には実際の出来事と同じような臨場感を体験しているのに、一方ではそれが現実ではないことを理解しているこの特殊な状態（催眠状態）が功を奏するのです。

次の催眠セックスでは、この半分は現実で、半分は現実ではない、便利な状態を利用して、**『バーチャル・セックス』**を行ない、**パートナーを女性からメスに変貌**させていきます。

まず、パートナーを裸にして、ベッドに寝かせたら、催眠状態に導き、エロチックなストーリーを聞かせます。

問題はそのエロチックなストーリーです。

ただエロチックな話を語るよりは、パートナーが欲情するであろうストーリーを話して聞かせるのが理想です。

では、パートナーが欲情すると思われるエロチックなストーリーはどのようにしたらわかるのか？

そうです。先ほどの**『催眠分析』**です。

催眠状態の中でテレビモニターに映し出された、もっともエロチックなＡＶの内容を、あらかじめ聞き出しておくのです。

たとえば、催眠分析のときの内容がオフィス・ラブで、上司と二人だけで残業をしているところに、後ろから上司が強引に抱きついてくるといったものがパートナーの深層心理から出てきたとしたら、そこでいったん催眠を解き、少し雑談をして間を置いてから、再度催眠に入れて、メンタル・リハーサルならぬ、催眠下でのバーチャル・セックスを行ないます。

「あなたはいまパソコンに向かって一生懸命に仕事をしています……ふと気が付くと、後ろから人の気配がします……あなたに好意を寄せている上司がゆっくり近づいてきています……さあ、そのまま仕事をつづけて、気づかない振りをしていましょう……でも、今日は上司の様子が変です……なんだかあなたをエッチな目で見ています……あなたの体を上から下まで舐めるように見ています……あっ、後ろから抱きついてきました……あなたはドキドキしています……いくらあなたが抵抗しても、上司の力には敵いません……上司の手が下着の中に入って来ました……あなたは徐々に抵抗できなくなってくる……」

こういった感じで最後のフィニッシュまで続けます。

ストーリーの中の上司が、ピストン運動をするところまで誘導したら、頃合いをみて、オーガズムに達する暗示を与えてもいいでしょう。そのときは、カウントダウンを用いてフィニッシュまで導くといいです。

そして、一通りのバーチャル・セックスを終えたら、「だんだん落ち着いてリラックスしてきます」と暗示をつづけ、パートナーの呼吸が落ち着いたところで催眠から覚醒させます。

ほとんどの場合、覚醒させた途端、パートナーが欲情してあなたに襲いかかってくると思います。

セックスをしたくて我慢できなくなっているからです。

あなたもテレビを観ていて、タレントが美味しそうに焼肉なんかを食べていると、「美味しそうだな〜、食べたいな〜」と思うことがあると思うんです。

これは、**潜在意識は集中しているものに自分を重ね合わせる性質を持っている**からです。

いうなれば、テレビを観ているだけで、潜在意識は自分が焼肉を食べている体験をさせられているのと同じなのです。

この潜在意識の性質は、理性の静まった催眠状態ではさらにパワーアップされます。

この、メンタル・リハーサルを行なうと、パートナーは催眠状態の中でセックス（交尾）をしているので、身体が男性を受け入れる態勢になっていきます。

それにも関わらず、実際にはセックスをしていないので我慢ができなくなるんです。

テレビでタレントが焼肉を美味しそうに食べているると、観ている人も食べたくなりますが、観終わったあとでも焼き肉を食べたい気持ちが残っていますよね。これと同じです。

さらに、フィニッシュ寸前で「あれ？……上司がなぜかペニスを抜いて服を着ようとしています……上司はどこかへいってしまいました……」とやれば、**欲求がもっと引き上げられ、催眠から目覚めると、なりふり構わずセックスを求めてきます。**

もし、催眠分析をせず、内容を聞き出すことができなかったときは、「いまあなたが一番セックスをしたい人がキスをしてきます……」というところから始め、ノーマルなセックスを普通に行なっている内容でも効果は充分にあります。

## パートナーを初《うぶ》な状態に戻す――年齢退行

いまから説明する方法は、主に催眠療法で使われる『**年齢退行**』というクライアントの記憶を遡《さかのぼ》る手法です。

この手法を利用して、パートナーを初な状態に戻してからセックスを行ないます。

**パートナーとの行為がマンネリ化していたり、刺激が足りなくて不満を抱いている相手に対して、かなり刺激のある強力な催眠セックスになる**といえるでしょう。

しかし、強力な分だけいろいろな危険が生じるので、これから述べることをよく読んで、必ず危険を回避するように心掛けてください。

もし、責任がもてないようなら絶対にやらないでください。

催眠はそれを行なう者が責任のすべてを負うものであり、現場で催眠を行なうあなた以外に誰も責任が取れないことを充分に理解しておくことです。

責任が取れない者に催眠をやる資格はありません。それを理解できた方だけがこの先を読み進めてください。

さて、私は、**「催眠を行なう上で、何よりも危険なのは年齢退行だ」**と、あらゆるところで述べてきました。

年齢退行というのは、催眠分析の一種で、トラウマ（過去に受けた心の傷）に触れていく催眠療法の一技法です。

過去の衝撃的な出来事が、現在の日常生活に支障をきたしていると思われる場合、催眠状態の中でクライアントの記憶を遡り、トラウマに触れることで解決を図ろうとするものです。

我々のいうトラウマは、みなさんが思うような、ただの嫌な想い出とは違い、普段は意識に上がって来ないような辛い経験をさします。

たとえば、池や湖のそばにいけない30歳の女性がいたとします。

本人はなぜ池や湖が怖いのかわからない。

そんな女性を催眠状態にして年齢退行を施すと、7歳のときに、学校帰りの池のそばでレイプされていたことが発覚したりします。

当時は耐えきれないほどの恐怖であるがゆえに、潜在意識は彼女の心を守るため、この経験を記憶の奥底に仕舞い込むのです。

大人になって過去を振り返ると、小学2年のときの記憶だけがすっぽり抜けていたりすることがあります。

それでも、この出来事自体がなくなったわけではありません。

これは、その人の心が、そこで起きた出来事に耐えられるようになるまで潜在意識が預かっているだけなのです。

そして、潜在意識が預かっている出来事は、いつか必ず返してきます。

その返し方が、すっかり大人になり、完全に耐えられる状態になってから返してくるのならいいのですが、多くの場合、心の成長と共に、徐々に、それも断片的に返してきます。

だから、得体の知れない恐怖が襲ってきたり、意味もないのにヒゲを生やした男性が怖くなったりするわけです。

そんなクライアントに年齢退行を用いて、記憶を遡ると、心の奥底に仕舞い込まれた原因が明らかになることが少なくありません。

しかし、トラウマとなる原因に触れたとき、そのときの恐怖がリアルに蘇るので、クライアントが取り乱すときがあります。

この現象を『**除反応**』といい、一気に除反応が出てくると、素人には手がつけられなくなります。

また、除反応に触れたクライアントの心は大きくダメージを受けてしまい、何日も寝込んでしまうことがあるのです。

これが年齢退行のひとつ目の危険性です。

年齢退行という技法は、術者からすると、催眠状態の相手に向かって年齢を逆に数えるだけでできるものなので、相手が深い催眠に入っていれば、催眠の初心者でも簡単にできてしまいます。

動画サイトなどで、催眠療法士がやっているのを見て、危険性もわからずに真似をすると、催眠を受けている相手が除反応を出すことだってあるんです。

だから、**催眠セックスで年齢退行を行なうときは、まずパートナーが健康であることが絶対条件**です。

精神科に通っている人や、心療内科で治療を受けているような人には絶対にやらないようにしてください。

では、ふたつ目の危険性は後で述べるとして、とりあえず年齢退行を利用した催眠セックスを教えていきます。

まず、催眠に誘導する前に、パートナーの初体験の年齢を聞き出しておいてください。

パートナーの初体験が17歳だったとしたら、それ以前まで年齢を退行させます。

パートナーを裸に近い状態もしくは裸でベッドに寝かせたら、催眠に誘導し、年齢をゆっくり逆に数えていきます。

「これから、私があなたの年齢を逆に数えていきます……私があなたの年齢を遡るのに連れて、あなたも過去に戻っていきます……はい、30歳……29歳……28歳……（途中省略）……18歳……17歳……16歳……さあ、いま何をしていますか？……」

「友だちと一緒……」

「いまどこにいるんですか？」

「学校……」

「もう下校の時間です……今日は寄り道をせずに家に帰ります……さあ、家につきましたよ……そしてあなたはいま、自分の部屋の中で一人っきりです……まだ家の人は誰も帰ってきません……あなたは家の中に一人でいます……あなたの自由な時間です……何をしていますか？」

「マンガ読んでる……」

「あれ、でも誰かが部屋をのぞいている気配がします……とってもスケベそうなおじさんが、あなたのことを見てますよ！……マンガを読んでる場合ではありません……危険だから気づかない振りをしていましょう……マンガは横に置いて、寝たふりをして……あれ？……おじさんがそおっと部屋に入ってきました……寝たふりをしていて！……あなたのカラダをじぃーっと見ています……あっ、あなたの太ももに手が伸びてきました……」

ここからは実際にパートナーの身体に触れて、スケベなおじさんに成りきってセックスを行なってください。

先のメンタル・リハーサルで行なったバーチャル・セックスと違い、ここでは年齢を退行させた状態で実際にセックスを行ないます。

普段、セックスをし慣れたカップルだと、全裸を見ても性器を凝視しても、興奮に結び付くだけの刺激には到りませんが、**パートナーを性体験のない16歳に戻すと、すべての行為が新鮮な刺激として興奮材料になります。**

もしかしたら、読者の中に「こんなことをしたらトラウマになりはしないのか?」と心配される方もいると思いますが、そこは催眠の特権です。

感覚、感情などは16歳の気持ちで捉えていますが、心の防衛能力は現在の30歳の心で捉えているので大丈夫なのです。

それに、何よりも催眠の中で行なわれている行為であることを潜在意識がしっかり把握しているのでトラウマになることはありません。

催眠術ショーなどで、サメに襲われる体験や滝から落ちる体験をさせて、観客を笑わせるパフォーマンスをよくやりますが、それにより、ステージに上げられた観客が海や水を怖くなったという話は聞きません。これは、催眠でそうなっている自分を客観的に観ることができるからです。

催眠は、催眠に入る前の状況も大きく影響するので、この催眠セックスの場合、催眠に入る前の前提がセックスを満喫するための行為になっていますから、あなたの行なった行為を、うまく性的なものに結び付けてくれるのです。

なんとも便利の良い状態ですが、だからこそ催眠をセックスに使わない手はないのです。

パートナーが現在30歳で、それなりにセックスの楽しみ方を知っているのなら、あなたのエロチックな演出（催眠ストーリー）に従っている16歳の自分を30歳の自分が見守りながら楽しんでいるような感じです。

その証拠に、初体験が高校3年生のときだと語る35歳の女性を退行させて12歳に戻し、フェラチオをするように指示をすると、少し恥ずかしがりながらですが、しっかりと大人がするようなフェラチオをします。

ごく稀に、退行させるとフェラチオを拒む人もいますが、ほとんどの場合、どんなに幼い年齢に退行させても、ペニスを口に入れると、くわえるだけでなく、ちゃんとテクニックを使ったフェラチオをします。

**催眠にかかっている人は、自分が持っているものをすべて活用して術者の暗示を成立させようとしてくれる**のです。

ではここで、ふたつ目の危険性を述べておきます。

パートナーは記憶が遡ったままセックスを体験するわけですが、この体験は、ただ催眠をかけて、「あなたは16歳のときにスケベなおじさんに性行為をされてしまいました」という暗示とはレベルの違うもので、年齢退行の最中に行なった行為は、それを解除するとき、元に戻してから催眠を解かないと、催眠を解いた後でも、しばらくパートナーの記憶として残るのです。

つまり、あなたが行なった性行為を、16歳のときの実際の体験として捉えてしまっているわけです。

記憶に残るといっても、これはその人の現在の生活に何の支障もないものだから残るわけで、本人にとっては、昔の思い出話がひとつ増えた程度のものです。

暗示が深く入っているといっても、いつかは元に戻ります。

その戻る瞬間に**『混乱』**が起こるので、**この混乱を起こさないために、与えた暗示を元に戻して催眠を解く**のです。

あなたが信じていたものが、もろくも崩れるときは、多少なりともショックを受けるはずです。これと同じ混乱が一気にパートナーに起こるのです。

たとえば、先ほどの催眠セックスで、暗示を元に戻さずに催眠を解くと、覚醒後に「初体験はいつ?」と聞いたら「16歳です」と答えます。

実際の初体験は17歳のときなのに、16歳に変わっているわけです。

そこで、「実はさっき催眠にかけて、初体験を16歳のときにしたんだよ……だから、きみの本当の初体験は17歳のときだよ」と言うと、一度混乱を起こし、混乱の末に本来の記憶を取り戻します。

この混乱（ショック）を与えないために、年齢退行では必ず元に戻してから催眠を解くといった大事な決まりがあるのです。

だから、年齢退行を使って催眠セックスをした場合は、必ず年齢を戻す前に「いまの体験はすべて催眠中の私の暗示であることをあなたは理解していますが……あなたが催眠から目を覚ますと、すべてが元に戻り、催眠に入る前の普段のあなたに戻っています……」と疑似体験を元に戻し、なおかつ退行させた年齢を元に戻すか、もしくは「私が3つ数えたら深く眠ります……3・2・1！　ハイッ！……深ーく眠って……深ーく眠って……そして心の力が完全に抜ける……」と、一度深い催眠に入れてから催眠を解いてください。これが『**絶対条件**』です。

また、催眠療法士を目指している人は、逆に催眠が人の人生に偽《にせ》の体験を埋め込めるようなものではないので過信をしないでくださいね。

よく、催眠療法に関わる者たちが、「その人にプログラムされているマイナスの観念をプラスの観念に上書きしてプラスにするのが催眠療法だ」などと言ったりしますが、年齢退行後の疑似体験でトラウマなどは解消できないので間違った知識をもたないように気を付けてください。

**催眠は、人に新しい教育を施すことはできても、起きてしまった出来事をなかったことにはできない**のです。

所詮、自分の日常生活に影響しないものだから、疑似体験を実際の経験として捉えるのです。

友達と昔の想い出の話をしていて、記憶が友達と食い違ったときに「あれ？ そうだっけ？」ぐらいの感覚だから記憶が変化するのです。

## 重要価値のない過去なら簡単に変えられる――偽りの記憶

日常生活に支障を与えないものなら、別に催眠など使わなくても偽の記憶を簡単に植え付けることができます。

偽りの記憶に関しては、ロフタス教授の**『ショッピングモールでの迷子』**という有名な実験があります。

この実験は、あらかじめ被験者の家族から、被験者が子供の頃、実際に起こったエピソードを3つ挙げてもらい、そのエピソードに偽のエピソードを付け足した、4つのエピソードについて実験者と面談を行います。

その偽のエピソードは、被験者が5歳の頃に、ショッピングモールで迷子になり、泣いているところを老人に保護されたというものです。

この4つのエピソードについて話し合ったあと、被験者には思い出したことを毎日、日記に書くように命じます。

すると実験開始から数週間たったころ、被験者の中から「オモチャを見ていて迷子になった」とか「あのときは本当に恐かった」などと、**実際には無かったエピソードにも関わらず、記憶が増殖していく人が現われた**のです。

保護してくれた老人については「赤いシャツを着ていた」とか「メガネを掛けていた」などと、いわゆる**記憶の捏造《ねつぞう》**が始まりました。

もちろん、参加した被験者には、迷子になった経験がないことを事前に調べたうえでの実験なのですが、驚くことに、全体の3分の1の人がなかったエピソードを実際にあったものとして記憶を増幅させていったのです。

このように、自分に支障を与えない過去の記憶というのは簡単に形を変えます。でも、自分にとって意味のある経験というのは簡単には変えられません。トラウマがそれにあたります。

一見、トラウマはその人を苦しめるためだけの存在に思われますが、実はその人を守るための潜在意識のシステムから作られるものなのです。

たとえば、満員電車に乗っていて、突然、過呼吸になり死の恐怖を味わったとします。すると、潜在意識は満員電車と過呼吸になって死にかけたことを結び付けてしまい、言語をうまく使えない潜在意識は、電車に近づくと、「死の危険がある」と、恐怖という信号を脳に送り、危険から遠ざけようとしているのです。

だから電車が怖くて乗れなくなる。これが電車恐怖症です。

**潜在意識はそれが自分にとって意味が無くなるまでいつまでもこだわりつづける**のです。

百歩譲って、トラウマになった過去の経験を別のものと変えられたとします。

たとえば、あなたが子供の頃、すごく仲良しだった友達に、突然、階段から突き落とされたとします。

あなたはこの経験が基で、他人を信用できなくなり、コミュニケーション障害に陥ったとします。

そこで年齢退行を行ない、友達に突き落とされた過去の記憶まで遡り、その友達が仲良しの友達ではなく、よそから転校してきたいじめっ子だったと記憶をすり替えたとします。

催眠を解いた直後は、世界が変わったかのように、改善された気分になりますが、それは上っ面だけを操作したものですから、何も解決などしていないのです。

人がある出来事によって心に傷を負ったとき、傷が治れば心は回復します。

しかし、心の傷が膿《うみ》を作り出した場合、傷が治っても膿はその人の中に残りつづけます。

この膿を出さない限り、上っ面だけを変えても、また他の症状として出てきてしまうのです。

同じ苦い経験をしても、それがトラウマになる人と、ならない人がいるのは、経験そのものが原因ではないからです。だから済んでしまった経験を変えても何も解決しないのです。

ずいぶん前に、有名な催眠療法士の方があるテレビ番組に出演して犬恐怖症のタレントに「あなたが犬に噛まれた経験はなかったことになります」と暗示をかけて、犬を抱かせていましたが、そのあとのコメントで、「私は彼の恐怖に蓋《ふた》をしたのです。催眠療法はこのように、恐怖に蓋をするのです」と言っていました。

恐怖症を治すためには、出さなければならないはずの膿に蓋をしてしまうなんて、とんでもない話です。

このタレントは心の膿が出てしまうまで別の症状で苦しむことになります。

少し催眠セックスからズレた話をしてしまいましたが、年齢退行の危険性をわかっていただけたでしょうか。

もし、催眠療法を行ないたい場合は、見よう見まねではなく、きちんと専門家から指導を受けてからにしてください。

さて、この章では、催眠状態を利用して、パートナーに強いオーガズムを与える方法を紹介してきました。

ここで紹介したものは、催眠セックスのほんの一例にすぎません。

催眠を理解すれば、あなたの工夫次第でその可能性は無限大になります。

まずは催眠をしっかりと理解してください。

それでは、次章で催眠術のかけ方を詳しく説明していくことにしましょう。

# 第2章

# 催眠術のかけ方

## 催眠状態へ導くために必要な地図――催眠深度

催眠セックスを行うための絶対条件として、催眠術のかけ方を身に付けなくてはいけません。

そのために、あなたが最初にやらなくてはいけないことは**『催眠深度』**を頭に入れることです。

これはパートナーを催眠に導く際の地図となり、地図がなければ目的地にたどり着けないのと同じで、事前に頭に入れておく必要があります。

催眠が深化していく過程には、眠りに近い状態になっていく、いわゆる**『催眠状態』**そのものが深くなる深化と、暗示されやすさが高まっていく**『被暗示性』**の亢進があります。

正式には、この**『催眠状態』**と**『被暗示性』**は区別されるのですが、こと、催眠術をかけていく作業のときには、この両者を同期させることで催眠状態の深まりに目安をつけていきます。

まず、「手がフワフワと上がっていきます」「身体が後ろに倒れていきます」などといった、術者の暗示で被験者の身体が無意識に動くようになると『**運動支配の時期**』といって『**軽催眠状態**』に入ったと判断します。

この状態に入ると、体中のあらゆる筋肉を術者の暗示で自由にコントロールできます。そこから少し催眠が深くなると、今度は筋肉を硬直させたりして、動きを止めてしまうことができるようになります。

この状態を『**筋肉支配の時期**』といって、「椅子から立てない」「脚が硬直して歩けない」といった暗示が可能になります。

そのほか「あなたが手を置いたテーブルの上には瞬間接着剤がべっとり付いていました」などと暗示をすると、被験者はテーブルから手を離せなくなります。これは、テーブルから手を離すための筋肉を術者の暗示が支配しているのです。

そして、そこからさらに深くなると、『**感覚支配の時期**』といって、五感を自由に操作できるようになります。

たとえば、パートナーがこの状態に入ると「性器と右手の感覚が入れ替わる」と暗示して、あなたがパートナーの右手を触るとパートナーは悶え始めたりします。

図１　中程度催眠による感覚支配

そのまま右手でこぶしを作ってもらい、こぶしの中にあなたの人差し指を突っ込むと、パートナーはインサートされたような感覚を味わいます。（図１）

このように、感覚を自由に操作できるようになると、**『中程度催眠』**に入ったと判断します。

また、中程度の催眠状態になると、五感だけでなく、「悲しくて涙が出る」とか「面白くて笑いが止まらない」「幸せな気分です」といったように、喜怒哀楽が暗示で操作できるようになります。

この状態を**『感情支配の時期』**といって、「あなたは私が好きになる」という暗示が入るのもこの時期ですね。

そして、これより催眠が深化すると**『記憶支配の時期』**といい、一時的ですが「あなたは自分の名前を忘れる」とか「あなたは7という数字を思い出すことができない」といった健忘を起こすこともできるようになります。この状態がいわゆる**『深催眠状態』**です。

この状態に到達すると、**『人格変換』**といって、たとえば、ある女性に「あなたは新宿でNo.1のホストです……目の前にいる女性を口説き落としてください」と言うと、宝塚劇団の男役のように男性口調で話しはじめたりします。

これは、人格が変換しているというより、その人の中にあるホストのイメージをそのまま潜在意識が演じているだけです。

潜在意識経由で行なわれている演技ゆえに、他人から見ても成りきっているように見えますし、演じている本人も不思議な感じがするのです。

そして、さらに催眠が深くなると、今度は幻覚を作り出すこともできます。

「あなたが目を開けると目の前に昔の親友が立っています……」と暗示をして催眠から覚醒させると、まるで目の前に誰かが立っているように昔話に花を咲かせます。

この状態は**『幻覚支配の時期』**といって、もっとも深い催眠状態とされているのですが、これぐらいまでくると、催眠を解いたあとで催眠中のことを聞いても、断片的にしか覚えていないことがあります。

これは『**自然健忘**』という現象なのですが、ときに催眠中のことは一切覚えていないという人がいます。この状態を『**夢遊状態**』といいます。

ちなみに、私がプライベートで催眠セックスを行なう場合、相手の女性が夢遊状態に到達しないと実行しません。

実際、感覚支配の時期や記憶支配の時期、場合によっては筋肉支配の時期でもセックスへの応用は可能ですが、やはり**相手が深い催眠なら深い催眠ほど、催眠セックスの醍醐味を味わえる**からです。

できれば、みなさんも、催眠セックスをする相手は、できるだけ『夢遊状態』まで誘導するといった気持で取り組んでいただければ、技術の向上も早いのではないかと思います。

## 催眠をかけるために絶対に必要な信頼――ラポール

催眠に導くための地図（催眠深度）が頭に入ったら、さっそくパートナーに催眠をかけていきましょう。

**催眠をかけるために何よりも大切なのは、まず催眠術師としての信頼を作ること**です。この信頼を**『ラポール』**というのですが、ラポールが取れていなければ催眠をかけることはできません。そして、ラポールを形成するためには、とにかく催眠的な暗示をひとつ成功させる必要があります。

たとえば、パートナーをホテルのソファーに座らせたら、あなたはその横に座り、両手の指を交互に組むように命じます。

そして、両方の人差し指だけを伸ばしてもらい、伸ばした人差し指がパートナーの目の高さにくるように肘を挙げてもらいます。

次に、あなたはパートナーの人差し指を外側からつまんで、間が4センチほど開いた状態にします。そのまま開いた指の真ん中を見るように命じ、次のように暗示を与えていきます。（次ページ図2）

「さあ、開いた指の間を見ていて……私が3つ数えて指を離すと、あなたの人差し指は

図2　催眠的な暗示のかけ方

自然と寄り始め、無意識にくっついていきます……いいですか……いきますよ……3・2・1・ハイッ!!……指が寄ってきます……どんどん寄ってくる……もっともっと寄ってくる……そして指がくっついていく!……もっとくっつく……そしてピッタリとくっついてしまう……」

このように、つまんでいたパートナーの指を離したら、間髪を入れずに、できるだけしっかりとした声で暗示を与えていきます。

これにより、パートナーはあなたの催眠が本物であることを認めるはずです。

なぜなら、あなたが暗示を与えると、

パートナーの指は必ず中に寄ってくるからです。

実はこの現象、あなたが暗示をしてもしなくてもパートナーの指は寄ってきます。

両手の指を交互に根元まで組み、人差し指だけを伸ばしている状態では、開いていることに無理があり、中に寄ってくるのが当たり前なのです。

つまり、トリックを使っているわけです。

これは、人体の仕組みによって起きる自然の現象に、あなたが暗示を合わせているだけなのです。

しかし、パートナーはあなたの暗示によって指が動いたのだと思い込むので**『被暗示性』**（暗示の受け入れやすさ）が一気に高まり、あなたの催眠を信じるようになります。

すると、催眠術師としての信頼ができるので、あとは本当にあなたの暗示した通りになっていくというわけです。

ですから、いかにも暗示でそうなっているのだと思わせるように、パートナーの指を離した瞬間から、指の動きに合わせて「そう、指が寄ってくる‼……もっとくっついていく‼……」と、力強く言い放つのがコツなのです。

もしここで、「あなたの指は寄ってくると思います……」とか「あなたの指はたぶん中に寄るでしょう」などと、自信のない言い方をしたら、暗示が弱過ぎて、指は寄ってきても、催眠術師としての信頼も構築不良になってしまいます。

つまり、暗示はすべて自信を持って言わなければ意味がないということです。

では、ここから少し暗示の基本について学んでいきましょう。

## 催眠をかけるために覚えておくべき基本言語——暗示の基本①

催眠をかけるための暗示は**『命令口調』**にも**『お願い口調』**にもならないようにしないといけません。

たとえば、「あなたの指は寄ってくる」「あなたの指は自然と中に寄るでしょう」といった、そうなれば真実になるし、そうならなければ嘘になってしまうようなほのめかしを暗示といいます。

もしこのとき、「指を寄せてください」と言ったとします。この言葉でパートナーの指が中に寄ってきてもラポールは築けません。

これは「お願い」ですから、意識が受け取り、パートナーは意識で指を寄せてしまうからです。

次に、「指を寄せろ」と言ったとします。

この言葉で指が寄ってきても、やはりラポールは築けません。

これは「命令」ですから、同じくパートナーは意識で指を寄せてしまいます。

ですから、催眠的言語としては「あなたの指は寄ってくる!!……どんどん寄ってくる!!……もっともっとくっついていく!!……」といった言い方をしてください。

このほか、誘導暗示の基本言語では**「未来形」「現在進行形」「完了形」**といった形式がよく使われます。

たとえば、「キミの指は寄ってくる」といった**「未来形」**、そして「指が寄っています」といった**「現在進行形」**、それから「指はピタッとくっつきました」といった**「完了形」**などです。

## 催眠誘導は意識をリードする心理テクニック――暗示の基本②

相手の意識を催眠状態まで誘導していく暗示テクニックには『**前暗示**』→『**刺激**』

↓**『追い込み暗示』**といった基本となる組み合せがあります。

これは催眠を解くときにも重要なポイントになるので、しっかりと覚えておいてください。

たとえば、先ほどの人差し指が中に寄る暗示なら、「私が3つ数えたらあなたの指は中に寄っていきます……いきますよ……ハイッ!!……指が寄ってくる!……もっと寄る……どんどん寄ってくる……もっともっと寄ってくる……」といった感じで与えていきます。

この誘導の中で「私が3つ数えたらあなたの指は中に寄っていきます……」と言っている部分が**『前暗示』**になります。これから起こる現象を予告するんですね。

そして、前暗示を与えたら、そのまま**『刺激』**を与えます。

ここでの前暗示では「私が3つ数えたら……」とあるので、刺激は「3・2・1!!」といった掛け声になります。

もし、前暗示の中で「私がハイッて言ったらあなたの指は中に寄っていきます……」と言ってあったとしたら、刺激は「ハイッ!!」という掛け声になるわけです。

そして、刺激を与えたら、すかさず「指が寄ってくる!……もっと寄る……どんどん寄ってくる……もっともっと寄ってくる……」と言ってあおります。

この部分が『**追い込み暗示**』になります。

暗示も一度言い放っただけではなかなか現実になりませんが、繰り返し、繰り返し、同じニュアンスの暗示を積み重ねることによって現実になっていくものです。

確かに、催眠にかかりやすい人が相手のときは、最後の追い込み暗示がなくても反応してくれますが、あなたがこれから催眠を長くやっていくのなら、かかりやすい人だけを相手にするとは限らないので、誘導暗示の基本パターンである『**前暗示**』↓『**刺激**』↓『**追い込み暗示**』はしっかりと身につけておいてください。

## 催眠導入の決め手となる行動の制御――暗示の基本③

さて、指が寄る暗示を与え終わると、パートナーは両手の指を組んだ状態で、人差し指が真っすぐ伸びてくっついた状態になっています。

ここからさらに暗示の基本を用いて、催眠術師としてのラポールを強化させていきます。

図3　禁止暗示のかけ方

「さあ、指がどんどん中に寄ってきて、最後にピタッとくっついてしまう……両手の人差し指がくっついたら、もう離すことができません!!……ピタッとくっついた!!……さあ、離してみて……ほら絶対に離れない!!……」

この暗示を『**禁止暗示**』といいますが、行動や行為を制御する暗示のことで、多くの場合「○○できない」といった言い方をします。（図3）

この禁止暗示にも基本的パターンがあるので身につけておいてください。

たとえば、「両手の人差し指がぴったた

りくっついて離れなくなる」と暗示を与えたら、今度は「離してみて」と言って暗示に逆らうように指示を出します。

そして相手が離そうとしたまさにその瞬間を狙って、もう一度「離れない!!」と強く言います。

これが**『暗示』→『指示』→『暗示』**といった禁止暗示を与えるときの基本パターンになります。

「離れない」といった暗示だけでは不十分です。一度チャレンジさせて、離れなくなっていることを相手が納得してはじめて禁止暗示が効果を表すのです。

そして、禁止暗示は「かけたら必ず解く」ことを忘れないでください。

暗示に反応していることをパートナー自身が納得したらもう充分です。通常はすぐに「暗示が解けます」と言って禁止暗示を解除します。

暗示を解除したら「もう離れるから離してごらん」と言って、実際に指が離れるかどうかの確認をします。

万が一、解除の暗示を与えても、離れない場合は、もう一度、大きな声で「暗示が解けます」と言って、被験者の目の前で柏手《かしわで》を打って、大きな音を出して暗示を解除してください。

## 意識を変性させるための重要な作業――ブリージング

催眠術師としてのラポールが形成できたら、パートナーに深呼吸をしてもらい、催眠状態に入っていくための準備をしてもらいます。

ここで行なう深呼吸は、深い催眠に誘導するために必要不可欠なもので、おろそかにしないようにしてください。

この深呼吸は**『恒常性維持機能』**に柔軟性を持たせる作業になります。

人には、いつもの快適な自分でいようとする無意識の能力が備わっています。暑い所へ行き、体温が上昇すれば汗をかいて身体を冷やし、普段の快適な自分に戻そうとします。逆に、寒い場所で体温が低下すれば身体を震わせ、発熱することで普段の快適な自分に戻ろうとします。

人間が持つとても素晴らしいこの能力なのですが、催眠術をかける際には邪魔になってしまうのです。恒常性維持機能は意識が変化する際にも働いてしまうからです。

誘導が始まり、催眠にかかり始めると、恒常性維持機能に柔軟性のある人は抵抗も少なくスムーズに催眠状態へと入っていきますが、柔軟性のない人は、少し意識に変化が出ただけでストレスを感じてしまい、元の意識状態に戻ろうとします。

だから、深い催眠状態まで誘導するためには、少々意識が変性してもストレスを感じないように、恒常性維持機能に柔軟性を持たせる必要があるのです。

この恒常性維持機能の働きは、脳の間脳部分が司っており、深呼吸によって、新鮮な空気を送り込むことで柔軟性を持たせることができます。

誘導前の深呼吸では、さらに吸う息よりも吐く息を長くすることで、副交感神経（リラックスを司る神経）が優位になり、より良く柔軟性が出るといわれています。

ですから、催眠前の深呼吸は一旦、口の中の息をすべて吐き出し、4秒間かけて鼻から息を吸い、7秒間止めて、8秒間かけて吐き出すのが理想とされています。

吸いこんだ息を7秒間止めることで、本能を活性化させる効果がありますから、この4・7・8の割合で3回から5回ほどパートナーに深呼吸をしてもらい、意識が変性するときの抵抗を最小限まで弱めてください。

「まず、口の中の息をフウーッとぜんぶ吐き出して……吐き出したら、鼻から息を大きく吸って……止めて!!………そして口の先を小さくして、糸をまき散らすようにフーッと吐いて………はい、鼻から新鮮な空気をグーッと吸い込んで……止めて!!………そして口の先を小さくしてフーッと吐いて……糸をまき散らすように……フーッと吐いて……はい、また鼻から吸って……止めて!!………吐いて………お腹の中の空気が空っぽになるように、ぜんぶ吐いて………はい吸って……止めて!!………はい、お腹の中の空気をぜんぶ吐き出して………はい、いいですよ……普段の呼吸に戻ってください………普段の呼吸に戻ったら、あの壁の模様を見てください……」

こんな感じで深呼吸の誘導を行ないます。

## パートナーを催眠状態へ——催眠インダクション

催眠状態というのは、意識が一点に集中したまま、身体の力が抜けている状態です。この状態を暗示によって作り出していきます。

まず、ソファーもしくはベッドの端に腰掛けてもらい、あなたはパートナーの隣に座り、後ろから手を回して肩を抱いてください。

そのまま、壁の模様でも何かのインテリアでもいいですから、パートナーの目線が斜め上を向くように、目印を決めて凝視させます。

目線が動くと雑念が浮かんでしまうので、目をそらさないように指示をしてください。

そして次のように誘導していきます。

「あの壁の模様をじっと見つめて……目をそらさないように……もし、目がそれたら、またすぐに目線を元に戻してください……そう、そのままじぃーっと見ていると、だんだん体の力が抜けてくる……力が抜けて、体中の筋肉がくつろいでくる……筋肉がくつろいでくると、足がおもーくなる……足がなまりのようにおもーくなって、疲れた感じがしてきます……そして今度は、腕の筋肉がおもーくなってくる……腕の筋肉がおもーくなって、疲れた感じがしてきます……腕の筋肉がおもーく、おもーくなる……そして今度は、まぶたの筋肉から力が抜けて、おもーくなってくる……まぶたの筋肉がおもーく、おもーくなって、疲れた感じがしてくる……もう目を開けているのが辛くなってきました……さあ、目を閉じて……目を閉じると、体が沈んでいきます……ふかーく、ふかーく沈んで、良い気持ちになる……もっとふかーく、ふかーく沈んで、なんともいえない良い気持ちです……体中の筋肉から力が抜けて、良い気持になる……そして心の力が抜ける……」

このように、何か一つの物を見つめさせて眼球の動きを止めたまま、足から腕、そしてまぶたという順番で**『脱力暗示』**（力が抜ける暗示）を与えていき、まぶたが下がり、閉じてしまうまで誘導を続けます。

## 脱力が作り出す精神統一の世界――力を抜かせる重要性

催眠術をかけるとき、多くの催眠術師が相手の身体から力を抜かせることに全力を尽くします。

ではなぜ身体の力を抜かせようとするのか？

これは雑念を強制的になくし、暗示を受け入れやすくするための作業です。

## 人は心の雑念と身体の緊張が比例するのです。

もし、人間関係で悩んでいたら肩が凝っているかもしれませんし、お金のことで悩んでいたら腰に力が入っているかもしれません。家族のことで悩んでいたら足に力が入っているかもしれませんし、健康に不安を抱えている人は首が凝っているかもしれません。

心の状態は身体に影響を与えるし、身体もまた心に影響を与えているのです。

しかし、雑念は意識的にはコントロールできません。

雑念は追い払おうとすればするほど邪魔な存在になります。

だから、心と身体の相関関係を利用して、身体の力を抜かせることで雑念をなくしていくのです。雑念を追い払うのは無理でも、力を抜かせることはできます。

全身の力を抜き、雑念を軽減させることで、自然と一点に集中できるように導いていくのです。

一点に集中できるようになった相手は、催眠の暗示に従順に従うようになります。

そして、雑念が浮かばなくなった状態というのは反発も起こらなくなります。

通常なら「あなたは立ち上がることができない」と暗示をしたら、「本当に立てないのかな？」「立っちゃってもいいのかな？」「ここで立ち上がったら催眠をかけている人の面子をつぶしてしまうんじゃないかな?」などといろんな考えが出てきます。
しかし、催眠にかかっているときは、「あなたは立ち上がることができない」と言われたら、「私は立てない」といったひとつの考えだけになるのです。

## パートナーの催眠を深める腕浮上――催眠深化法

パートナーの身体から力が抜けてぐったりとなったら、そのまま催眠を深化させていきます。

「そして心の力も抜ける……さあ、これから私が言うことをイメージして……あなたの右腕が軽くなっています……綿のように軽くなって、フワフワしています……下から風に吹かれると、フワッと浮き上がってしまいそうです……想像して……そして、あなたの目の前には大きな風船が浮かんでいます……よく見ると、その風船から糸が垂れています……そしてその糸は、あなたの右の手首に結び付けられています……イメージしていきます……その風船は空に向かって浮き上がっていきます……さあ、風船が空高く上がっていきます……どんどん上がっていく……あなたの右腕は風船に引かれてどんどん上がっていきます……さあ、風船がフワフワと上がっていく……どんどん上がっていきます……」

このように風船のイメージを使って右腕が上に上がっていくように暗示していきます。ここでは焦らず、じっくり時間をかけて腕を浮上させるように、落ち着いて暗示を与え続けてください。

明治や大正の頃には、この腕の上がり具合で催眠の深さを測るようなこともしていました。

高く上がれば上がるほど深い催眠に入っていると推測していたんですね。

人の心が相手ですから、きっちり数字で表すようなことはできませんが、手の上がり具合で深化の度合いが目安になることは確かです。

だから、昔は右腕を浮上させて、それでもまだ深化が足りないと思ったときは、左腕も浮上させて、この両手が高く上がった状態を「お手上げ状態」と称し、催眠術師は誰もがこの状態を目指していた時代もあるぐらいです。

さて、できるだけ高く上がるように腕の浮上を試みたら、頃合いを見計らって、高く上がった腕を下に降ろしていきます。

「さあ、今度は腕にオモリがつきました……腕が下に下がっていきます……大きなオモリのせいで腕はどんどん下に下がっていきます……下へ下へと下がり、ももの上に降りていきます……腕がももの上に降りると、体中から完全に力が抜けてしまいます……」

このように暗示して、パートナーの腕がももの上に降りるまで誘導を続けます。

## さらに催眠を深めていく――落下イメージ

パートナーの腕がももの上に降りたら、今度は落下イメージを用いて、さらに催眠を深めていきます。

「……腕がももの上に降りると、体中から力が抜けていきます……体中の力が抜けて、うっとりとした良い気持になります……そして私の言う通りになる……さあ、いまあなたの目の前には下に降りていく10段の階段があります……これから私が数をひとつ数えるたびに、あなたはその階段をひとつずつ下へ降りていきます……下に降りるたびにあなたの催眠状態は深くなります……下まで降りたときには完全に心の力が抜けています……はい、10……9……8……7……6……5……4……3……2……1……一番下まで降りました……心の力が完全に抜けています……心の力が抜けると、だんだん眠ーくなってくる……そして、ぐっすり眠ります……深ーく眠ります……ぐっすりと眠ります……」

ここまでの誘導についてくれれば、かなり深い催眠に入っています。

試しに感情支配の暗示や記憶支配の暗示を与えてみてください。

たとえば、「私が3つ数えたら、あなたは面白くて笑いが止まらなくなる……3……2……1……はい、面白くなってきた……笑いが止まらない……ほら、どんどん可笑しくなる……我慢すればするほど笑いが込み上げてくる……もう可笑しくてたまらない……」このように暗示して、パートナーがゲラゲラ笑い出せば感情支配の段階に入っていることがわかります。

記憶支配の段階に入っていることを確かめるのなら「私が3つ数えたら、あなたはスッキリとした良い気持で目を覚まします……そして目が覚めたあと、私があなたに1から10まで数を数えてくれと言います……でも、あなたは7を数えることができません……なぜなら、あなたの記憶に7がないからです……あなたは7を飛ばして10まで数えます……いいですね……はい、3つ数えたら目を覚まします……3…2…1! ハイッ! 目を開けて!……とっても良い気持です……目は覚めましたか?……目が覚めたら1から10まで数を数えてください……」といった具合に進めて、パートナーが7を飛ばして数えたら記憶支配の段階に入っていることがわかります。

あとは、第一章を参考にして催眠セックスを行なってください。

このように文章で説明すると、催眠術をかけるまでに時間がかかるような感じがするかもしれませんが、実際にはそれほど時間はかかりませんし、一度パートナーを深い催眠に入れることができたら、そのあとからはちょっとした刺激を与えて「眠って」と言えば、すぐに深い催眠に入っていきます。

初めて催眠にかかるときのような「どうなっちゃうんだろう?」といった不安や抵抗もなくなり、催眠に入っていく要領を感覚で覚えるからです。

次回の催眠までに、あまり日にちを開けると、また少々誘導をしないといけなくなりますが、それほど時間が開いていないのなら、パートナーの目の前で指をパチンと鳴らして「眠って……深ーく眠って……深ーく眠って……」と言いながら、パートナーの肩を揺らすと、頭を前に（もしくは後ろとか横に）倒しながら、速やかに深い催眠へと入っていきます。

ただ、ときにパートナーのコンディションが良くないときは、催眠に入りにくかったりするときがあるので、私はそのつど丁寧にかけるようにしています。

指をパチンと鳴らして催眠に導入するのは確かに見栄えは良いのですが、誰に見せるわけではないので、急ぐ必要もありませんし、私は完全脱力と腕浮上は必ず行ってから催眠セックスを開始します。

いつも、その日に入れるもっとも深い状態まで導くつもりで誘導をしています。

## 暗示でかけた催眠は暗示で解く――完全覚醒

前に私が催眠を教えた人で、「催眠状態を深くしすぎて覚めなくなったらどうするんですか?」という質問をしてきた人がいました。でも、そんなことは絶対にありません。今までいろいろな暗示が効いて、「覚める」という暗示だけが効かないはずがないのです。

一度の覚醒法で覚めなかったら、催眠が覚める暗示をもう一度与えればいいのです。基本的に**催眠を解くときは「催眠が解ける」という意図が相手に伝われば催眠は解けます。**パートナーが「これは催眠から覚めるという暗示だな」と思えば、どんなに深い催眠状態にいても必ず覚めるのです。

催眠を解くときにもっともいけない行為はおどおどとした態度で覚醒暗示を与えることです。おどおどとした態度で催眠をかけるとかかりが悪いように、催眠を解くときもおどおどしていると暗示に力がなくなります。

被験者は意識を失っているわけでもないし、魂がどこか別の場所にいっているわけでもありません。ただ意識が一点に集中している状態になっているだけです。ぐったりしているのは催眠状態特有の一点集中によって、集中に必要のない部分からは力が抜けているだけなのです。

何も心配はいりません。堂々と催眠を解いてください。

「私が3つ数えたら、あなたはとてもスッキリとした良い気持で目を覚まします……そして目が覚めると、私が催眠中に与えた暗示はすべて消えてなくなり、普段のあなたに戻ります……はい、1、手や足に力がグーンと戻ってきた……2、周りのことが良くわかるようになった……3、はい、目を覚まして……すっきりとした良い気持です……はっきりと目を覚ましてください……」

覚醒暗示の与え方は、やはり誘導暗示の基本である**『前暗示』**→**『刺激』**→**『追い込み暗示』**の組み合わせで行ないます。

「3つ数えると、あなたはとてもスッキリとした良い気持で目を覚まします……そして目が覚めると、私が催眠中に与えた暗示はすべて消えてなくなり、普段のあなたに戻ります……」と**『前暗示』**をしたら、「はい、1、手や足に力がグーンと戻ってきた……2、周りのことが良くわかるようになった……3、」と**『刺激』**と共に、身体の力を元に戻しながら意識をはっきりさせていきます。

そして「はい、目を覚まして……すっきりとした良い気持です……はっきりと目を覚ましてください……さあ目を開けて、とっても良い気持ちです……」と言いながら被験者が目を覚ますまで**『追い込み暗示』**を続けます。

「私が3つ数えたら、目が覚めます、3・2・1」と言ったら、あとは黙って見ているだけでは一度の覚醒法で覚めない人がいても不思議はありません。

必ず誘導暗示の基本に従って完全覚醒を行なってください。

そして、覚醒後は、必ず覚めたかどうかの確認をしてください。

もし一度の覚醒法で催眠から覚めず「まだ力が入りません」とか「頭がボーッとしている」などと言われたら、もう一度、大きな声ではっきりと覚醒暗示を与えてください。

そして、催眠中に抜けていた手足の力が元に戻っているかどうかを訊ねて、力が戻っていなかったら、手足の屈伸運動を数回行い、力を戻し終わって完全覚醒としてください。

実際、催眠は解かずに放っておいても時間が経てば覚めます。だからといって、催眠を解かずに終りにするのはあまりにも無責任です。

その無責任さはパートナーの深い部分に刻み込まれてしまい、せっかく築いたあなたとの信頼関係が壊れてしまいます。

だから、**あなたがかけた催眠は必ずあなたが責任をもって解いてください。**

# 第3章

# セックスへのいざない

## 催眠術は潜在意識をリードする心理技術——意識誘導の法則

この章では、催眠心理を応用して、パートナーをセックスへいざなう心理テクニックを紹介していきます。

つき合いのある相手をホテルへ誘うときは別に催眠心理など使わなくても大丈夫でしょうから、ここでは出会い系で知り合った女性など、**初めてセックスへいざなう相手を想定して、メールのやり取りからセックスへ至るまでの過程で使える催眠心理をいくつか紹介**していきます。

まず、人の潜在意識を誘導するために心掛けておいて欲しいのは『**リード**』という概念です。

トランス誘導（催眠誘導）とは、すなわち潜在意識をリードするテクニックです。

催眠術をかけている場面で説明するなら、被験者を閉眼状態（まぶたが閉じた状態）まで誘導するとして、「まぶたから力が抜けて重くなります……さあ、どんどん重くなってくる……もっともっと力が抜けて、まぶたが下がってきます……」と、まぶたが下がる暗示を繰り返して、実際にまぶたが下がり出すまで暗示を続けます。

そのまま暗示を繰り返し、まぶたが下がってきたら、今度はまぶたが閉じる暗示に切り換えて、「まぶたが閉じます……どんどん閉じていく……そしてピタッと閉じてしまう……」と暗示を与えて、まぶたが完全に閉じるところまでリードしていきます。

それが、相手はまだ何も反応していないのに「まぶたが閉じてしまいます……」とやるのは、リードが早すぎるので、相手の潜在意識はついてこれなくなります。

逆に、もうまぶたが半分閉じかかっているのに、いつまでも「まぶたが重ーくなってくる……」とやっていたのでは、リードになっていませんから、相手の潜在意識は覚めてしまいます。

リードの概念は、人の潜在意識を誘導するための基本であり、当然、女性をセックスに誘うときにも当てはまるものですし、セックスそれ自体にも当てはまります。

**女性に強いオーガズムを与えようと思ったら、理性をかなぐり捨てた意識状態が必要**です。そして、**相手を淫らにしようと思うのなら、まずあなたが先にスケベにならなくてはいけません。**

自分は紳士を気取ったままで、相手の女性だけに淫らになれというのは無理な話です。

ときには変態を演じることも必要でしょう。

また、ひと言でセックスといっても相手は人間ですから、いろんなタイプの人がいますよね。

受動的なセックスは好まず、能動的なセックスにしか燃えないという女性もいます。

「男を抱くのはいいけど、男に抱かれるのは嫌」という女性もいるはずです。

これは私の知人の話ですが、出会い系サイトで知り合った女性とホテルへ入ると、いきなりズボンを脱がそうとしてきたそうなんです。


「ちょっと待ってよ……汗かいているからシャワー浴びてくるよ……」

「いいから、じっとしてなさいよ……」

「おれ男だけどやっぱり恥ずかしいからシャワー浴びてくるよ……」

「大丈夫だからまかせて……なんだ、もう立ってるじゃない！……」


こんな感じのシチュエーションだったみたいなんですが、彼は実にうまくリードをしています。

実際、彼はセックスの前にシャワーを浴びるほどデリケートな男性ではなく、肉食系女子としてセックスをしたがっている相手をリードするために、恥ずかしがり屋の男を演じたのです。

もし、このとき、「おれ、そういうの好きなんだよ……もっと攻めてくれよ……」などとやったら、女性は肉食系女子として攻められなくなるので、つまらなくなって覚めてしまいます。

かといって「やめて～!!」などと、あまりにもオーバーな演出をしたら、きっと相手の女性は引いてしまうでしょうね。

このように、相手が能動的なら、あなたは受身になり、相手が受動的なら、あなたは積極的な男を演出するのもリードというわけです。

## 彼女との仲を深める無駄のないメール術――文章でのラポール形成

出会い系サイト、合コン、お見合い、知人からの紹介と、女性と出会うきっかけはいろいろありますよね。

ただ、出会いの方法はいろいろあっても、いまの世の中、メールやＬＩＮＥがコミュニケーションの主となっているのは間違いありません。

つまり、文章でのコミュニケーションは避けては通れないということです。

しかし、メールは相手の顔の表情や声のトーンなどがわからない分、ちょっとした誤字や雑文が相手を不愉快にさせてしまいます。

それだけ会ったことのない相手に対し、人は警戒心を抱きながら繊細な気持ちでメールの文章を見ているのです。

我々が催眠をかける際、まず最初に信頼関係を作ることは説明しました。

信頼がなければ意識のリードはできないからです。

「こんな人に催眠をかけられたら何をされるかわからない」

こんな不安を相手が抱いていたら、催眠などかけられるわけがありません。

メールでも同じです。

「こんな人と会ったら何をされるかわからない」

こんな不安を少しでも与えてしまったら、会うのは不可能だと思います。

つまり、あなたが最初に考慮するのは相手の『**警戒心**』です。

よく、出会い系サイトで女性とメールを始めると、早く好感を持たれようといった焦りから、台本に書いたような冗談を一生懸命にメールする人がいます。

でも、舞台は警戒心いっぱいの出会い系です。

相手の女性が警戒心を持ってメールを見ている間は、冗談も逆効果になるときのほうが多いのです。

警戒心がいっぱいのときは、冗談もそれほど笑えないだろうし、笑えない冗談をメールに書いても、相手に「この人、女性に慣れていない」と思われるのがオチです。

好感をもたれるために、躍起になっていることを相手の女性に見透かされると、そこから連想が始まり、「恋愛経験の少ない男だ」とか「変な男に間違いない」といった考えにたどり着き、会いたい気持ちが失せていきます。

だから、**相手が心を開くまでは、冗談を言うより先に、常識のある人間だと思っても**

**らうことのほうが重要**なのです。

当然、警戒心の度合いも人それぞれですから、メールを始めてすぐに打ち解ける女性もいるでしょうが、好感をもたれようと焦って失敗したら元も子もありません。

だから、相手が心を開くまでは、下手な冗談などメールに書かないほうがいいのです。メールやLINEで相手の心を開かせるコツは、「軽さ」と「真剣さ」にメリハリをつけることです。

相手が軽い話をしてきたら、あなたも軽い感じの返事を返し、真剣な話をしてきたら、真剣な返事を返すように、メリハリをつけるようにすると、常識のある人間だと思ってもらえるのも早いですし、それに伴い、相手が打ち解けるのもそれほど時間はかかりません。

さらに、「軽さ」と「真剣さ」にメリハリをつけたメールやLINEをしていると、相手の意識があなたについてくるようになるので、じきに主導権が握れるようになります。

主導権を握ったらその後のリードも楽になります。

どんなときも冗談口調の文章を書いたり、逆にどんなときでもクソ真面目な文章を返していると、女性はすぐに飽きてしまい、「つまらない男だ」と結論付けてしまうのです。

## 重要な時期に何をするか――モチベーションの確保

私の友人に、出会い系サイトで知り合った女性と、会ったその日にセックスまでたどり着く確率が90％を超えている人がいます。

彼にポイントを聞いてみると、「会ったその日にセックスができない人は、重要な時期に手抜きをしている」のだと言います。

では、その時期とはいったいいつなのでしょうか？

ちなみに、彼は社会人なので、相手の女性と会う約束をしても、休日まで待たなくてはいけません。

タイミングが合ったときはいいですが、早くて１週間後、遅いときは３週間も後になります。

彼いわく、「会う約束をしてから会うまでの期間が重要」なのだそうです。

「よく、会う約束をしていたのに前日にキャンセルされた」とか、「もうじき会う約束の日なのに、メールの返信が返ってこなくなった」などという男性がいますが、相手の女性と会う約束ができたら、大仕事を終えたかのように、メールの内容が大人しくなったり、「会う約束ができたし、下手《へた》なメールを出して嫌われたら損だ」といって、メールの数を減らしたりする人がいます。

でも、彼は「そこで手抜きをするから相手の気持ちが冷めてしまうのだ」と言います。

また、この期間中に進歩のないメールばかり出していると、相手はつまらなくなって、モチベーションを落としてしまいます。

ここで大切なのは、**メールの内容を微妙にエスカレートさせていく**ことです。

この時期にメールの内容が失速してしまうと、相手は退屈して他の人とメールを始めてしまう恐れがあります。

会う約束をしてから会うまでの間が長ければ長いほど、ここでは頑張らないといけません。

相手は出会い系サイトを利用している人なのだから、あなたと同じようにメールや会う約束をする男性はいくらでもいるわけですからね……。

彼が言うように、せっかく会う約束までこぎ着けたのだから、ほかの人に気持ちが向かないように、少しずつ話をエスカレートさせていくのは理に適ったことだと思います。

催眠をかけるときも、被験者の催眠状態が安定するまでは、気持ちが覚めないように、どんなにしんどくなってきても、誘導を途中で止めずに全力を尽くすものです。

## 潜在意識は興味をなくすと醒めてしまう――大人の会話

では、その重要な期間に、どんな話をどんなふうにエスカレートさせていけばいいのか？

答えを最初にいうと『**大人の会話**』をするのです。

わかりやすくいうなら、エッチな会話です。

ただし、ここで重要なのがやはりリード。

人の心を相手にする際、もっとも大切なのはリードの概念です。

とくに出会い系サイトがきっかけの出会いとなると、会う約束をしているといっても、まだ会ったことがないのだから、エッチな話もあまり度が過ぎると警戒されてしまいます。

だから、いやらしくならない程度に、エロチックな冗談を交えるのです。

**相手に「もしやエッチの可能性があるかも」と思わせるぐらいが理想的**です。

まずは、相手がどれくらいセックスに対してポジティブな感覚を持っているか調べてみましょう。

「これから冗談とかいろいろ言うと思うけど、下ネタの冗談はどれぐらいまで大丈夫なの？」

この質問で、相手のモチベーションがだいたい量《はか》れます。

「ぜんぜん大丈夫だよ」という人は、かなりの確率で成功します。

「常識の範囲内だったら平気だよ」という人は、リード次第で可能性は充分あります。

「私、下ネタとかダメなんです」という人は、建前を気にしたり、プライドが高かったりするので、初日のデートでセックスにたどり着くのは難しいと思います。

それから、もうひとつ大切なことは、会うまで絶対に下手《したて》に出ないことです。

たとえば、「約束の日は絶対に来てくださいよ……来るまでずっと待ってますからね……」などと下手に出たら、「この人モテない人だ」と悟られてしまいます。

**女性はほかの女が相手にしない男に興味はありません。**

そのほか「お願いだからドタキャンだけは勘弁してくださいよ……」などとお願いすると、「この人ドタキャンばっかりされてる人だ」と、やはりモテない男を印象付けてしまいます。

だからといって、「おれはモテる男だよ」などと、自分で自慢ばかりしていると、相手が不愉快になる恐れも出てきます。

相手が勝手に「この人は女に慣れてるな」と思ってもらえるのが理想なのです。

そのためにも、絶対に下手に出てはいけません。

「女々しい」「しつこい」「男らしくない」などといった印象を与えないように、ここは紳士的に振舞うときです。

大事な話のときに紳士的に振舞っていれば、ときどき軽い下ネタをメールに書いても相手はしっかり冗談として受け取ってくれるはずです。

ときと場合によりますが、「おれは約束は守るけど……べつに用事ができたらそっちを優先してくれて構わないから……」ぐらいのことが言えたら「この人は女に媚びない人だ」といった印象を与えられます。

## 女性が嫌いなのは「スケベな男」ではない――主張の大切さ

相手との交流が進み、下ネタの冗談がさらに進んで、きつい冗談が言えるようになったら、あなたはとても有利になります。

デートの前にきつい下ネタの冗談を言って、相手の女性が「もしやセックスがありうるかも」と万が一にもセックスの可能性を脳裏に描いたとしたら、そこでは有力な心理が働きます。

「俺も男だからね〜、会うときは覚悟してきてよ（笑）」
「じゃーいかな〜い」
「うそうそ、冗談、冗談（笑）」

こんな冗談を交えたメールをしていると、「まあ、冗談だろう……」と思いながらも、女性は万が一のことを考えて身だしなみを整えたりするものです。「もしや」という気持ちから、綺麗な下着を着けたり、無駄毛の処理をしたり、万が一に備えて何かの努力をしてしまいます。

人は誰しも自分のしたことを無駄にしたくないものです。もし、新しい下着をわざわざ買いにいったり、無駄毛の処理のためにエステなんかにいったりしたら、何もなく帰ることのほうが彼女は不愉快になります。

よく「スケベな男は嫌われるんじゃないんですか？」などという男性がいますが、これは間違った考えです。

女性は**『スケベな男』**が嫌いなんじゃなくて、**『いやらしい男』**が嫌いなだけなんです。

エッチがしたいのなら、相手に**「俺はスケベだ！」**と主張するべきです。

「スケベな男はカッコ悪い」などと気取っていたら、誰ともセックスなんてできません。

スケベは何もカッコ悪くなんかないし、いやらしくもないんです。

むしろ、したいのに、「したくない」と言う男性のほうが女性からしたらよっぽどいやらしいんです。

## 相手に与える印象をコントロール――類推法

相手が打ち解けるまでは下手《へた》な冗談など書かず、常識のある人間だと思ってもらうことが大事だと言いました。

そして会う約束ができたら、相手の気持ちを冷まさないように、様子を見ながら話をエスカレートさせていくことが大切でしたよね。

では、めでたく会えたとして、目の前にいる女性と、いかに早くセックスまでたどり着けるかが問題になってきます。

**最短でセックスにたどり着くために重要なのは、リアルな不安を取り除くこと**です。

相手の女性は当然あなたとはまだセックスをしたことがありません。

そんなあなたに抱く不安はどのようなものがあるでしょう。

**＊カラダを許した途端に捨てられてしまうのではないだろうか？**

**＊付き合いだして性格が不一致だったときに、素直に別れてくれるだろうか？**

**＊私は騙されているのではないだろうか？**
**＊エッチをすることになったら、ちゃんと避妊はしてくれるだろうか？**

女性はこのような不安を心のどこかに抱えているものです。

では、このような不安はどうやって取り除くのか？

我々がよくカウンセリングで使う暗示テクニックに、『**類推法**《るいすいほう》』というのがあります。

わかりやすくいえば、第三者の話を利用して、こちらの意図した印象を植えつける方法です。

たとえば、「おれの会社に悪い男がいてさ、一度エッチしたらもう用がないって感じで女を捨てちゃう奴がいるんだよ。最低だよな……そんな奴は必ず罰が返ってくる。そう思わない？」とか「女にフラれて、もう完全に終わっているのに、しつこく電話したりする奴がいるだろ？　そういう性格してるから女にフラれるんだよな……女々しい男にだけはなりたくないよ……」といった具合に、第三者の話をすることで、「この人はそんな人じゃないんだな」と思わせることができます。

もしここで、「俺はストーカーにはならないよ」といった言い方をしたとしたら、相手は「この人なんでわざわざこんなことを言うんだろう?」と疑問が浮かび、逆にストーカーを意識してしまうのです。

それよりも類推法をうまく使ったほうがこちらの伝えたいことが確実に相手の潜在意識に入っていきます。

ちなみに、催眠をかけるときに、相手が不安を抱いているとかかりにくくなります。だからといって、「不安なことはありますか?」と聞いてしまうと、相手はいままで考えてなかった不安を探す作業を始めてしまいます。そして、たくさん不安な材料を見つけ出してしまうのです。

だから、我々が催眠をかけるときは、「聞きたいことはありますか?」と訊ねて、その人が抱いている不安だけを取り除き、抱いてもいない不安に意識を向けさせるようなことはしないのです。

## リアルな足かせを取り除けばセックスは目前——不安の排除

また、初めてセックスをする相手に対し、誰しもが必ず心のどこかに抱いているリアルな不安があります。

この不安を取り除くことで、セックスまでの壁をグンと下げることができます。

それは「この人、性病とか持っていないだろうか？」といった不安です。

では、女性が「この人、性病を持っているかもしれない」と思ってしまう人はどんな男性でしょうか？

そう、いろんな女性とやりまくっている男性です。

男同士の会話を近くで女性が聞いていたとして、もし「昨日もおとといも別の女とセックスしたよ」などと自慢話をしていたら、きっとそれを聞いていた女性は「この男やりまくってる」と思い、性病の心配をしてしまいます。

それなら女性から性病の心配を取り除くにはどうすればいいのか、おのずと見えてくるはずです。

つまり、この逆をアピールすればいいのです。

「ここ何年もセックスなんてしてないよ……もうやり方忘れちゃったよ……（笑）」ぐらいの軽い感じで、最近は誰ともやっていないとアピールするのです。

すると、相手の女性の心の隅にある「性病」という不安が減退していきます。

間違っても、「おれ性病なんて持ってないからね」などと言ってはいけません。心の隅にあった「性病」というキーワードが拡大して頭の中を陣取ってしまいます。そうなると、「あとで性病の心配をするぐらいなら今日は無難にやめておこうかな……」となってしまうのです。

相手に意識されたら困るキーワードは言葉に出さないようにしてください。

## 不意に思い浮かべたものには暗示作用が働く——イメージの積み重ね

30センチぐらいのタコ糸の先に5円玉を結びつけて振り子を作り、右手の人差し指と中指で糸の端を持ち、5円玉が目の高さに来るように腕を持ち上げます。

そのまま、頭の中で5円玉が左右に揺れているイメージをすると、本当に振り子は左右に揺れ始めます。縦に揺れるイメージを浮かべても同じくイメージの通りに揺れてきます。

**潜在意識には浮かべたイメージを現実にしようとする働きがある**からです。

ようするに、これは振り子が揺れているのではなく、浮かべたイメージによって振り子を持った腕が無意識に動いているのです。

その動きが無意識であるため、振り子を持っている本人ですら勝手に揺れる振り子に驚くというわけです。

つまり、あなたとのセックスを意識している女性に、あなたの裸やペニスの絵（イメージ）を浮かべさせると、ホテルへ誘いやすくなるのです。

だからといって「おれとエッチしてるところをイメージして」などと言ったら、「この人なにがしたいんだろう？」と警戒されてしまうだけです。

大切なのは、相手の潜在意識が勝手にエロチックなイメージを浮かべてしまうようにもっていくことです。

当然、相手との間柄や、どこまでエッチな話が許される相手かを慎重に考慮する必要がありますが、たとえば、出会い系で初めて会った女性をホテルへ誘う前に、居酒屋なんかで少しお酒を飲んでいたとします。

あまり踏み込んだ冗談が言えない感じの相手なら、やはりイメージもソフトなものがいいかもしれません。

「俺きのう3回も風呂に入っちゃったよ」

「なんで3回も入るの？」

「なんか入りたくなって（笑）」

「潔癖ですか？（笑）」

「ぜんぜん潔癖じゃないよ」

「3回は入りすぎですよ（笑）」

「3回目はシャワーだけだけどね（笑）きのうキミのこと、どんな人なんだろうって考えてたら、ワクワクしてなかなか寝れなくてさ、なぜか3回も入っちゃった（笑）さすがにシャワーの後はすぐベッドに入って寝たけどね（笑）」

「会ってみてどうでした？……私？」

「きょう来て良かったと思ってるよ……」


この会話で、シャワーとベッド、そしてあなたの裸を相手にイメージさせることができます。

もし、際どい下ネタの冗談でも笑ってくれるようなノリの良い相手なら、ある程度ハードな会話のほうが飽きさせなくていいかもしれません。

「よく男も女もムンムンする日があるっていうじゃん？　俺、あんまりそういうの経験がなくて、よくわからなかったんだけどさ、きょう初めてわかったよ（笑）」

「なに？　きょうはムンムンしてたの？（笑）」

「うん、なんか朝からムンムンするからパンツの中を見たら糸を引いてたよ（笑）」

「最低～!!（爆笑）」

これは少しどギツイ会話かもしれませんが、この会話でペニスと男性の愛液のイメージを浮かべさせることができます。

こういった冗談でもノリノリで笑ってくれるようなら、変に時間をかけないで、気が変わらないうちにさっさとホテルへいったほうがいいと思います。

こういった下ネタの冗談を言うポイントなんですが、「下ネタ」のほうより「冗談」（笑える）のほうが勝ってなくてはダメです。**笑えない下ネタでは逆効果になる場合がある**ということです。

だからといって、バカみたいに下ネタばっかり言っていても、芸のない奴だと思われてしまいますし、相手が疲労しているときに冗談ばかり言っていても、うっとうしがられるだけです。

心理誘導なんて、やることはいたって簡単なんです。

重要なのは相手をよく観ながら状況を判断することです。

## 彼女の心にブレーキをかけるものは何か――大義名分

相手の女性に性的なイメージを積み重ねていくと、そちらの方向へいこうとします。

しかし、この行動にブレーキをかけるものがあります。

それが『**責任**』と『**建前**』です。

もし、彼女とホテル街を歩いていて、「ホテル入りますか?」などと言ったら、やる気のある女性でも断ると思います。

なぜなら、この「ホテル入りますか?」という一見、彼女の意思を尊重するような優しい問い掛けは、実は彼女に判断を委ねているのと同じで、この状況でホテルに入ったら、彼女のほうに責任が出てきます。女性は本来、責任を取るのが苦手なのです。

だから、**初めてセックスにいざなう場合は、できるだけ責任をあなたがかぶってあげるように誘うのがコツ**です。

ホテルの入り口まで来たら、「ここ入るよ」と言って、自然に入るほうが女性としては有難いのです。

さらに、彼女の手をにぎって、周りから見たら（誰も見ていなくても）、あなたが強引に彼女をホテルへ誘ったという状況を作ってあげられたら最高です。

彼女はあなたに手を引っ張られて、仕方なくホテルへ入ったという『**大義名分**』ができます。

大義名分を作ってあげることで、女性は建前というブレーキを外しやすくなります。

もしこのとき、あなたの手を強引に引き離すようなら、彼女は本気で嫌がっているのだから、いさぎよくこの日は諦めることです。

心の準備、もしくは身だしなみのほうの準備が整っていないだけかもしれません。ここでしつこくするとセックスへの可能性がゼロになることもあります。

こんなとき、「じゃー飲みにいく？」と、さりげなく言えたら、彼女はあなたの器の大きさに好印象を抱き、次に成功する可能性は高くなります。

## 彼女が断りにくくなる先手必勝――予測暗示

我々催眠療法士は、心理を誘導していく中で、この先、「こうなったら厄介《やっかい》だな」と予測できることは、前もって先手暗示をしておくことがよくあります。

では、ダイエットを例にとって説明しましょう。

だいたいの人が減量を始めると2キロや3キロはすぐに痩せるものです。

でも、これは本当の変化ではなく、自分の枠の中での変動です。

本当の変化が出てきたときには、必ずといっていいほど現状維持機能が働き、本来の自分に戻そうとします。食事制限などで減らされた栄養分を補うために、潜在意識は急激に食事を求めるようになります。

このとき本当の辛さと向かい合うことになるのです。

ダイエットに挫折する時期は、このときといってもいいでしょう。

ここで合理化が始まり「なんで私はお腹が空いているのに、ご飯食べないで我慢してるんだろう？　私の人生は何のためにあるんだろう？　私はこんな我慢をするために生きてるんじゃない」と、いささか大げさな自問自答を始めたりします。

これは絶食や減量そのものが生命に関することだから大げさな合理化になってしまうのですが、この時期を乗り越えないとダイエットは成功しません。

そこで我々セラピストは、こんな予測できる場面を乗り越えやすくするために、前もって暗示を与えておきます。

「もしかしたら、あなたはダイエットをしている自分がバカらしく思えるときが来るかもしれません。でもそれは本当の変化の前触れです。それを乗り越えたときに、あなたはダイエットに成功するのです……」

もちろん乗り越えるのは本人ですが、セラピストの暗示はかなりの手助けになります。

そしてこの先手を打つテクニックは、心理誘導すべてに有効なものであり、もちろん、彼女をセックスにいざなうときにも有効です。

もし、相手がプライドの高そうな性格で、プライドが邪魔をして素直になれないような女性だったら、次のような暗示を入れてみてください。

「キミだから言うけど、おれ、ブスって嫌いなんだ。いや、見た目じゃなくて、ブスほどプライドが高いっていうじゃん？……プライドが高い分、恋愛価値が低いんだって……男を好きになる女はバカだなんて言ったり、3カ月過ぎるまではエッチしないとかよくわからないこと言ったり、ロマンチックなところが全然ないんだよな……」

こんな感じで先手暗示を打っておくと、いざそういった場面になると、彼女は断りにくくなります。断った時点で自分をブスだと認めてしまうからです。

「私は可愛くないから～」とか「私、ブスだし」なんて口にする子はたくさんいますが、心の底から自分をブスだと認めたがる女性はいません。

また、人間はふたつの選択に迫られたとき、苦痛が軽いほうを選びます。

あなたに対して「別に私ブスでいいよ」と開き直るぐらい興味がなければ別ですが、あなたとのセックスを苦痛だと思っていない限り、彼女はホテルへ入るほうを選びます。

もし、あなたが先手暗示を入れたとき、彼女のほうが「それって、あまり男の人に相手にされない子なんじゃないの？　相手にされないからそうなっちゃうんだよ」などと話を合わせてきたら、もう黙ってホテルへ入っても彼女は断れない。

ただし、この暗示は先手を打つから効果があるのであって、ホテルへ誘って、断られたあとで「ブスほどフライドが高いの知ってる？」などと言ったら、間違いなく彼女は怒って、二度と会ってくれなくなるでしょう。

だから**「先手暗示」**という言葉が意味する通り、ホテルへ行くか行かないかの駆け引きの前に暗示を与えておくことです。

## 信頼を勝ち取る瞬間——最初の暗示の重要性

催眠をかける前の作業としては、まず相手に『**興味**』を持ってもらうこと、次に『**安心**』を与えること、そして『**信頼**』を得ることです。

安心を与えるのは、信頼関係を作る重要な要素になりますが、安心を与えただけでは不充分です。大切なのは、催眠術師としての信頼を築くことでしたよね。

催眠の作業の中で、催眠術師としての信頼ができあがる瞬間は、最初の暗示に成功したときです。

最初の暗示に成功するかしないかで、相手はその催眠術師の技量を測るのです。

最初の具体的な作業というのは、通常、催眠をかける前に行う**『被暗示性テスト』**になります。第二章で彼女に両手の指を組ませて人差し指だけを伸ばし、指が寄ると暗示したものがそれにあたります。

この作業を彼女をセックスへいざなう場面に当てはめると、ちょうど**『キス』**にあたります。

キスがおろそかだと、当然女性はその先のセックスにも期待を寄せず、先を進めるのが難しくなります。

セックスも催眠と同じで、最初の接触で相手はその人の技量を見切ってしまうのです。

キスのテクニックといえば、相手の舌を吸い込んで、歯を立てずに噛んだり（英語のThを発音するような感じ）、上唇と下唇を別々に舐めるなど、キスのやり方はほかにもたくさんありますよね。皆さんもたくさんご存知だと思います。

そしてそれらのテクニックをすべてゆっくりと舌の力を抜いた状態で行ってみてください。

それだけで信頼が得られます。

あなたが力を抜くことで余裕のアピールと、相手にゆとりを与えることができるのです。

そして、相手の女性はそこから先をあなたに委ねるようになります。

## セックスへの扉を開くカギ――キスの使い方

「そんなに思っていたわけじゃないのに、駐車場でされたキスがとっても上手だったので、もう仕方ないいな〜って思ってホテルへいっちゃいました（笑）」


これは有名な薬品会社に勤める可愛らしいＯＬの言葉です。

**多くの女性がキスの上手な相手に覚悟を決める**と言います。

また、キスはセックスの前、セックスの最中、そしてセックスの後と、その場面ごとに存在感のある重要なものです。

とくにセックスへのいざないとしては、先ほどのＯＬが覚悟を決めたように、キスは有力なスキルになるといえるでしょう。

さらに、性交中にはいろいろな場面で相手の気持ちを冷めさせないための『**トランジション**』（つなぎ）にもなります。キスが上手になって損をすることなどひとつもありません。

キスは何よりも練習する価値があるものです。

ひとことでキスといっても、挨拶のような軽いキスから、相手の心に火をつけるキス、そして身も心も燃え上がるようなキス、もうキスだけで相手をイカせるかのようなディープキスまでいろいろです。

いろいろなテクニックをその場面ごとにアレンジして使い分けるといいですね。

いつでもどこでもワンパターンではダメなので、テクニックの幅を広げるためにも、口の中で感じる部分を知っておくと役に立ちます。

たとえば、前歯の裏側などが性的に結びつきやすく、あなたの舌先を触るか触らないかぐらいで、彼女の口の中の天井に這わせるようにするととても効果的です。

そのほかには、舌の裏側にある2本の筋がとても敏感に感じやすい部分です。相手の舌の下にこちらの舌をもぐらせて、舌先で2本の筋を交互になめ上げると、かなり性的感情が湧き上がってきます。

女性は男性のように一気に火がつくということは少ないので、最初は口づけのようなソフトな感じの雰囲気から、徐々にハードにしていくキスは、セックスへいざなうもっとも効果的なテクニックです。

そして、少しでも相手が積極的になってきたら一気にリードです。舌の下にこちらの舌を突っ込んで舌先でグルグル回すようなキスもいいです。

最初から舌を突っ込まずに、少しずつ奥へ入れていくように、唇の外側から内側へ、唇の内側から口内の天井へ、そして舌との絡み合いといったように進めていくのもいいと思います。

また、唇を完全に密着させて口の中の熱が逃げないようにする方法もあります。文字通り熱いキスですね。丁寧なキスを嫌がる女性はいないのだから、キスを軽視しないで、セックスと同様にキスの中に『**前戯**』も『**後戯**』も取り入れるぐらいの気持ちで、ひとつの演出になるようなキスを行なってください。

## ひとつ頼みごとを聞いた後は断りにくい——心の惰性

キスまでたどり着ければ断然有利です。

それはわかっている。

でも、そのキスまでたどり着く最後のツメが難しいんですよね。

そこで、有効な心理テクニックを紹介します。

人は、ひとつ頼みごとを聞いてしまうと、それに類する頼み事は断りにくくなります。

たとえば、会社の上司に「今日は仕事が終わったら駅の近くのスーパーまで乗せていってくれないかな? 車だろ?」と言われて「いいですよ、帰る方向ですから……」と言って上司の頼みごとを聞いてしまったとします。

次の日に、「悪いけど、今日も仕事が終わったら駅まで乗せていってくれないか?」と言われると、心の中で「二日連続で脚に使われるのが嫌だな……」と思っていても、なかなか断れないものです。

なぜなら、前日に同じような頼みごとを聞いてしまったために、断るには相当のエネルギーが必要になるからです。

この原理をキスに応用するならば、最初は大したことのない、なにげない頼みごとを積み重ねてキスまでリードしていくようになります。

では、公園のベンチにでも腰掛けているところを想像してください。

「こっち向いて……手を見せて……細長くて綺麗な指だね……触っていい？……」

ここまで言ったら、肩に手をまわして、キスがしやすい体勢まで体を引き寄せます。

そして、決めの言葉です。

「目を閉じて……」

相手が目を閉じたらキスがＯＫということでしょう。

「こっちを向いて」が1回目の頼みごと、「手を見せて」が2回目、「触っていい？」が3回目、「目を閉じて」は4回目の頼みごとであると同時に、「キスするよ」という裏の意味も含んでいます。

**キスの場面で一番嫌われる男性は、「キスしていい？」と尋ねる人**です。

ちなみに、催眠の話になりますが、目が開かなくなる暗示を入れるとき、ただ「目が開かなくなる！」と暗示をするよりも、「こっちへ来て……ここに座って……」と依頼語でいくつか指示をして、その直後に「目を閉じて……もう目を開けることはできません！」と暗示したほうが確実に成功率は上がります。

こちらの言うことを何度も聞いているから抵抗するためにはその分のエネルギーが必要になるからです。

## 誘いの決め手――ダブル・バインド

先ほども述べたように、ホテルへ入るとき、彼女のためには「ここに入るよ」と言って、手を引いてあげるのが理想なんだけど、どうしても彼女の了承を得たい場合は『**ダブル・バインド**』というテクニックを使うといいです。

ダブル・バインドは、統合失調症（精神疾患）の研究をしていたイギリス生まれの文化人類学者グレゴリー・ベイトソンによって発表されたもので、日本語でいえば『**二重束縛**』という意味になります。

躾《しつけ》の場面で説明すると、子供が赤信号を渡ったときに、母親が強く叱りつけたとします。

その後、母親と電車で買い物にいった子供は、帰りの際、電車に乗り遅れるからといって、赤信号の向こう側で手招きをしている母親を見て動けなくなってしまいます。

子供は赤信号を渡っても怒られるし、渡らなくも「あなたのせいで電車に乗り遅れた」と叱られるからです。

どっちを選んでも怒られてしまうので、脳がフリーズして動けなくなってしまうのです。

こういったダブル・バインディングを繰り返し受けて育った子供は精神分裂病や引きこもりになる恐れがあるといわれているのです。

そして、ダブル・バインドを催眠の世界に持ち込んだのは、天才催眠療法士といわれたミルトン・エリクソン博士です。

エリクソンは、ベイトソンのダブル・バインドに二者択一の理論を見いだし、催眠誘導に応用しました。

エリクソンが行ったダブル・バインドに、次のようなものがあります。

催眠をかけた被験者に「あなたが目を覚ました後、私が催眠にかかっていましたか？と尋ねます。でも、あなたはかかっていなかったと答えるのです」と暗示を与えます。

目を覚ました被験者に「催眠にかかっていましたか？」と聞くと、「いえ、私は催眠にかかっていなかった」と答えました。この時点で被験者はエリクソンの催眠暗示に反応したことになります。

エリクソンの暗示に反発するには「はい、私は催眠にかかっていました」と答えるしかありません。どちらを答えても催眠にかかっていたことになります。

つまり、どっちを選んでもエリクソンの勝ちなのです。

女性をホテルへ誘うときには、ホテルを指さして、こんなふうに誘ってみてください。

「ここでシャワー浴びるのと、俺んちでシャワー浴びるのどっちがいい？」

ホテルの前で「ホテルいく？ いかない？」と誘ったときと比べたら、格段に成功する確率が高くなります。

我々が催眠をかけるときも、「椅子に座って催眠に入るのと、ソファーに横になって催眠に入るのどっちがいいですか？」とか「緊張から入る催眠と、リラックスから入る催眠のどっちがいいですか？」といってダブル・バインドをかけるときがあります。

これは、緊張から入る催眠だろうと、リラックスから入る催眠だろうと、こちらは催眠にかかってくれればいいのだから、どっちでもいいのです。

自己暗示の考案者エミール・クーエは、**「人は同時に二つ以上のことで迷うことができない」**と言っています。

催眠の場面でも、「椅子に座ってかかるか、ソファーに横になってかかるか」といった迷いを起こしている間は、「催眠にかかるか、かからないか」で迷うことはできません。

つまり、ひとつのことでしか迷うことのできない思考を、催眠に「かかるか、かからないか」といった迷いから「椅子に座ってかかるか、ソファーに横になってかかるか」といった迷いにスライドさせているのです。

「椅子に座ってかかるか、ソファーに横になってかかるか」という迷いを起こしている間は、催眠にかかることを前提として受け入れてしまいます。

先ほどの彼女をホテルに誘うダブル・バインドも、あなたのお家であろうと、ホテルであろうと、セックスができればいいんですよね。

セックスを「するか、しないか」の迷いを、「あなたの部屋か、ホテルか」の迷いにスライドさせることで、彼女とセックスができる可能性が高くなるというわけです。

「あなたとのセックスなんてありえない」なんて思っている女性がホテル街までついてくるわけがないのだから、ホテルの入り口までできて失敗するのは、やはり誘い方が悪いのです。

## あせりと手抜きがオトコの評価を下げる——相手の状況を考慮

女「せっかくホテルまでいったのに、シャワーも浴びないでやろうとするなんてホントせっかちなんだから……幻滅しちゃったよ……」

男「ホテルまでいってて、土壇場になってヤダってさ!……やらせないいんなら最初からついてくんなよ……」

こんな男女のすれ違いってあるんですよね。

男性は「俺のことが好きならやらせるはず、やらせないのは本当は好きじゃないからだ」といった右か左かの考えになってしまいがちなんですが、女性がセックスに踏み切れない理由は多種多様です。

「同僚の彼に誘われてホテルへいっちゃったんです。ホテルへいったらシャワー浴びて、タオル巻いて出てこようって思っていたのに、いきなり押し倒されて抵抗しちゃったんです。だってその日は会社帰りで、ブラとショーツがおそろいじゃなかったから見られたくなかったの……」

「ホテルに誘われたから、てっきり先にシャワーだと思ってるでしょう。そのとき無駄毛の処理すればいいやって思っていたから、まさかあんなにせっかちだと思ってなくて……」

「汚れた下着なんて見られたくないし、そんなに焦らないでよって感じ……」

女性だっていつも準備万端というわけではないんですよね。

お尻が垂れていることを気にしている女性は、セックスぎりぎりまでガードルを脱ぎません。

「そんな雰囲気になってきたら、トイレにいってガードル脱げばいいや」なんて考えていることもよくあります。

だから、相手をよく観察して、ガードルを履いているようなら脱ぐタイミングを与えてあげるのも大切です。

また、身体に強いコンプレックスを持っている女性は、相当の覚悟がないとセックスに踏み切れないでしょう。

こんな場合も焦らず、相手の心の準備ができるまで待つといった包容力がのちの強い絆をつくります。

キーワードは**「焦らず、がっつかないリード」**です。

私の知り合いに、色白で可愛い顔をした女性がいます。

この女性は顔に似合わず積極的で、自分が良いと思った男性には自分から仕掛けていくほどの行動力を持っています。

彼女がある青年実業家と初めてのデートをしたときです。

彼女のほうは「今日はお泊りコースでエッチまでいくぞ！」と女性ながら気合を入れていたそうです。

あとは「どんなふうに誘おうか？」と、彼女なりに青年実業家との駆け引きをシミュレーションしていました。

ところがその日のデートが終盤にさしかかったころ、彼の早とちりから想定していない方向に進んでしまい、すべてが台無しになってしまうのです。

彼女が駆け引きを始めようと、最初の言葉を投げかけたときです。

「今日は帰っちゃうんですよね？」

すると、彼は頭の中でセックスまでの連想が加速したのか、「エッチしていいの⁉」と、彼女のシミュレーションを飛び越えてしまったのです。

このままだと彼女のほうが一方的に誘ったことになるので、とっさに彼女は「いえ！違います！違います！」と言うしかなかったそうです。

彼女の中では、2人の駆け引きによって、お互いが歩み寄り、どちらが誘ったわけでもなく、お互いの気持ちが一つになってホテルへいってしまった、というシチュエーションを理想としていたのです。

このように、男性側の余裕のなさは、セックスを目前にして、できないで終わってしまうこともあれば、セックス自体の質を下げてしまうこともあります。

よくありがちなのが、最初のセックスのとき、女性は恥ずかしさから微妙な抵抗をしてしまうことがあります。時折その抵抗は男のセコさを引き出してしまうことがある。

いつ中断されてしまうかと心配になり、中断される前に入れてしまおうという気持ちになって、手抜きのセックスをしてしまうのです。

「ホテルまでいったのに相手の気が変わってできなかった……」

それでもここは男になって、笑ってやるぐらいの寛大さを見せてやりましょう。

## 彼女のマニュアルはない――心は十人十色

心理誘導をする際、自分自身に対する自信は役に立ちます。

しかし、それよりも大切なのは相手を理解しようとする気持ちです。

「俺のセックスで感じさせてやる」といった自信より、欲しいのは常に相手を観察する気持ちです。

相手は自分のデータの中にない新しい人だといった考えです。

これはコミュニケーションすべてに対して当てはまることであり、セックスも催眠も例外ではありません。

人の心に関わる仕事をしている我々は、常に学びの心を忘れないようにしています。

それは人の心が一人ひとり違うからです。

車を走らせるときと同じです。

どんな道でも毎日同じ状況ではないでしょう。

どこの道を何キロで走り、どこのカーブをどんなふうに曲がるかなんて、そこへいってみないとわかりません。

道路状況は常に変わるからです。

道路を走るためのルールはあっても、マニュアルはないんです。

その場所にいってみて、そのときの状況を判断して、ハンドルを切ったり、ブレーキを踏んだり、アクセルを踏んだりするはずです。

セックスも同じです。

**セックスのマニュアルはあっても、パートナーのマニュアルはありません。**

過去の人の経験で、目の前の人を悟った気持ちになるとコミュニケーションはもろくも崩れていきます。

先入観を持たず、いつでもその日のパートナーを理解する姿勢でいてください。

心理誘導とは**「相手の様子を見ながらリードしていく作業」**なのです。

# 第4章

# セックス・インダクション

## セックス・インダクション――セックスそのものが催眠術のかけ方に

第一章では、パートナーに催眠術をかけて、意識を変性させたうえで行なう催眠セックスを紹介してきました。

この章では、**パートナーに催眠をかけてからセックスを行なうのではなく、セックスそのものでパートナーを変性意識状態に導き、強いオーガズムを与える方法**を教えていきます。

女性が失神するほどの強いオーガズムを与えるには、やはり意識が日常から大きく離れた変性意識状態が必要です。

夕食の献立を考えながらイク女性なんていませんし、ローンの支払いの計算をしながらイク女性もいません。

いずれにしても、**女性は理性をかなぐり捨てて、本能がむき出しになった状態にならなければ、満足がいくだけのオーガズムを味わえない**ということです。

しかし、ここで紹介する『**セックス・インダクション**』（セックスを使ったトランス導入）は、催眠術を使ってトランスを作り出すのではなく、セックスという行為の中に催眠誘導の要素を含めることでパートナーを変性意識状態に導いていきます。

わかりやすくいうなら、セックスと催眠誘導を同時に行なうものであり、セックスそのものが催眠術のかけ方になっているのです。

当然、ここでは「眠くなる」とか「腕が曲がらない」といった催眠暗示のような言語は一切、使いません。

表向きは普通のセックスをしているだけですが、同時に意識を変性させる要素が含まれているセックスなので、パートナーの感じ方が尋常ではなくなるというわけです。

## 催眠もセックスも目指すのは完全変性意識状態――トランス

セックス・インダクションを具体的に説明する前に、少しトランスについての説明をしておきますので把握しておいてください。

催眠の初心者は、**『催眠状態』**と**『トランス』**を混同していることがよくありますが、普段の意識状態から少しでも変化したものはすべてトランスというのであって、催眠状

図4　トランス状態（変性意識状態）

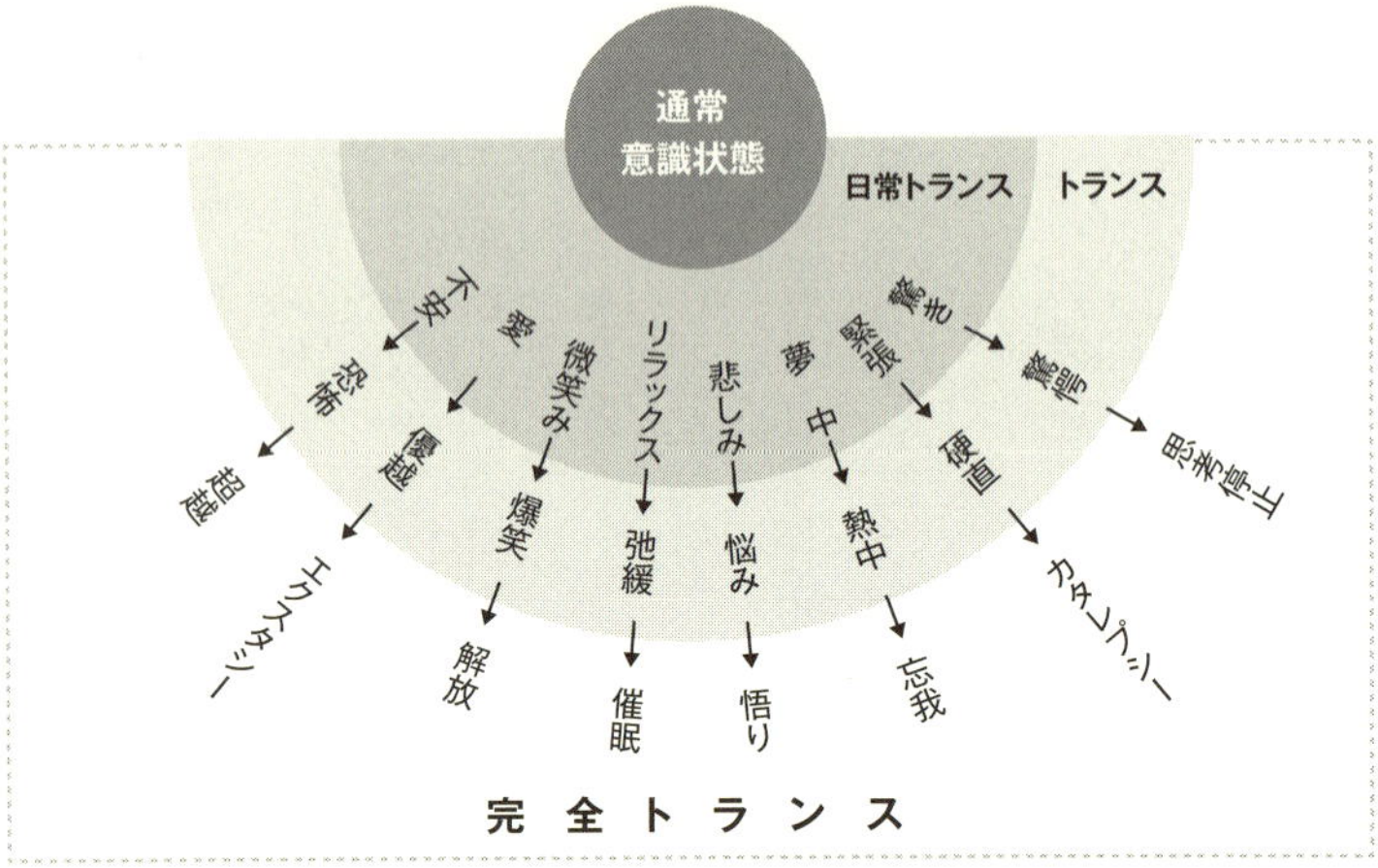


態はトランスの中のひとつでしかありません。

　トランスといっても、その種類が違えば深さもそれぞれ違います。（図4）「悲しみ」や「不安」や「微笑み」のように、普段の日常で起こる意識の変性は**『日常変性意識状態』**（日常トランス）といい、「驚愕」や「脱力」や「恐怖」といった日常意識変性状態から先へ進化した状態を**『変性意識状態』**（トランス状態）といいます。

　そして、変性意識状態からさらに先へ進むと、「忘我」や「催眠」そして「悟り」などといった、普段の日常生活ではあまり起こらない**『完全意識変性状態』**（完全トランス状態）になります。

見てわかると思いますが、「リラックス」の延長線上に「催眠」があるように、「愛」の延長線上に「エクスタシー」というトランスがあります。

そして、今回みなさんが目指すのは「エクスタシー」というトランスです。

このエクスタシーというトランスに導かなければ、パートナーに強いオーガズムを与えることはできません。

そもそも、催眠術とは、普段の意識状態から催眠状態へと導く過程の方法を指すものであり、意識をトランスに誘導することにかけてはどんな方法よりも特化しています。

つまり、催眠の理論をセックスに含めれば、そのセックスは最強になるというわけです。

## なぜセックスにトランスが必要なのか――本能の活性化

女性がイクときのことをオーガズムといいますが、同じオーガズムにもレベルの高いものと低いものがあります。

これはトランスの深さによって変わるもので、浅いトランスのときはただイッたというだけで味気ないものですが、理性が静まり、本能が活発になった深いトランスのときにイクと、女性は本当のエクスタシーを実感することができます。

つまり、**女性が強いオーガズムを味わえるかどうかは、ひとえにトランスの深さで決まる**のです。

セックスを研究している専門家によると、女性がオーガズムに達するときは決まって脳にシータ波が流れているそうです。

これは深い催眠状態に入ったときの脳波と同じです。

ようするに、女性に強いオーガズムを与えようと思ったら、身体のどの部分をどんなふうに愛撫するかよりも、いかにパートナーの意識を日常から遠ざけるかが重要なのです。

ところで、映画や小説などでよく使われている、催眠術師の目を見つめさせながら暗示を入れていく方法があります。

これは空想上のものではなく、いまでも実際に使われている『**凝視法**』という催眠導入法のひとつです。

「私の目を見なさい……そのまま私の目を見ていると、だんだん身体の力が抜けてくる……全身の筋肉が重ーくなって、何も考えたくなくなります……そして深呼吸をするたびに、深ーく、深ーく沈んでいきます……」

人は目と目を合わすとトランスに入り、本能が活発になります。

たとえば、不良少年たちが電車の中で目と目を合わせると、本能が活発になり、喧嘩を始めたりします。愛し合っている男女が目と目を合わせると、やはり本能が活発になり、抱き合ったりキスしたりします。

**セックスの最中も、目を見つめ合うことで女性は深いトランスに入り、本能が活性化します。**

逆に、目を合わさずにセックスをすると、それは少し気の効いたマスターベーションと変わりがありません。

つまり、パートナーをエクスタシーに導くためには、お互いが目を見つめ合う行為はとても重要なのです。

## 脳と脳をチャネリング——ルッキング・アイ

「目は唯一外にはみ出した脳の一部」といわれています。

目と目を合わせるという行為は、脳と脳を合わせているのと同じなのです。

セックスをする相手と目を合わせることによって、脳からオキシトシンという快楽物質が放出されることもわかっています。

逆に、目を合わせず、お互いが右と左を向いているようなセックスでは、心がひとつになることもできませんし、高揚感を味わうこともできません。

ところで、挿入後に、ただひたすらピストン運動を繰り返していると、膣の感覚が鈍くなり、しらけた気持になることってありませんか？

これは、性器だけのセックスになっているからしらけてしまうのであって、脳がチューニング（セックス特有の相互トランス）に入っていないからなのです。

あなたがしらけているということは、受身である女性のほうは、もっとしらけています。

脳がチューニング（同調）していないセックスがどれだけ味気ないかわかりますよね。トランスに入っていないセックスでは、ピストン運動ですらしらけさせてしまうのです。

意識を誘導する際、相手のモチベーションが下がってしまったら致命的です。セックス・インダクションで失敗しないためには、相手の気持を冷まさないようにしなければいけません。

だから、パートナーの欲情が冷めてきそうになったら、必ず目を合わせて、トランスを覚まさないようにしてください。

そのときパートナーがよそを向いて喘ぎ声だけを出しているようなら、「こっち向いて、俺のこと見てて……」と言ってください。

ピストン運動の最中でも、パートナーが目を閉じて、性器の感覚だけに気を取られて、モチベーションが落ちていきそうになったら、「ちゃんと目を開けて俺の目を見て……」と言ってください。

ちなみに、フェラチオをしているとき、パートナーと目を合わすのも効果的ですが、この場合、愛撫されているのは男性のほうなので、男性のほうが強いトランスに入ってしまい、主導権が女性側に移ることがあるので気を付けてください。

## 男と女の間にある10秒の壁――女性の心に火をつける

第三章でも、キスは最初の具体的な技法であり、もっとも大切な作業だといいましたが、「キスを極めた者はセックスを制する」といっても過言ではないぐらい重要です。

そこで知っておいていただきたいのですが、キスには10秒間のボーダーラインといって、男女の間の壁ともいえるものがあります。

**女性はキスを始めて10秒を過ぎた頃から欲情が始まる**のに対し、**男性は10秒を過ぎた頃から苦痛を感じ始める**といった傾向があります。

セックス開始のキスにしても、男性は10秒を過ぎると、無意識に苦痛を感じはじめ、女性の胸や股間に降りていきたがります。

つまり、男性は性的刺激を受けると、次へ次へといきたがる習性を持っているのです。

男性の性質からすると、女性が欲情を始める前に、キスが終わってしまうことになります。

しかし、男性は10秒を過ぎると苦痛を感じ始めるとはいっても、辛くて我慢できないなどということはありませんよね。

長めのキスをすることで、女性の心に火を付けることができるのだから、長めのキスに慣れることとです。慣れてしまえば苦痛でもなんでもなくなります。

キスはできるだけ、長く丁寧にするように心掛けてください。

## 快楽のディフェンス――触覚の性質を知る

女性の身体は男性の身体に比べてとてもデリケートにできています。原始の時代から戦うことを必要としなかった女性は、頑丈な身体である必要がなかったのです。

したがって、男性が女性の身体を愛撫するとき、自分の身体を基準において愛撫をすると、どうしても刺激が強くなりすぎてしまいます。

男性は、自分が思っているよりはソフトなタッチを心掛けなければいけないというわけです。

女性の乳房を愛撫するにしても、ＡＶのように鷲掴《わしづか》みにするのも時にはいいのでしょうが、乳首より上の皮膚は、乳房を肩から吊っているため、元々皮膚が張っているので、上から下に揉みしだくと痛みを感じる場合があるのです。

また、バギナにしても、いきなり指を入れて激しく動かしたら、膣内の感覚がディフェンス状態になってしまい、鈍磨してしまいます。

すると、愛撫にしろピストン運動にしろ、同じ刺激にも関わらず、気持ち良さが感じられないといった状態になってしまうのです。

よって、**女性の感覚を敏感にしたいのなら、最初は物足りないぐらいのソフトな刺激**でなければいけません。

当然、相手の欲情の高まりと共に、刺激を合わせていかなければリードになりませんから、強い刺激が必要なときは必要に応じて激しさも必要ですが、少なくとも最初だけは、物足りないぐらいの刺激で愛撫し、パートナーの気持ち良さを感じる神経が研ぎ澄まされるようにもっていってください。

乳房の愛撫にしても、優しく揉むというより、大切に扱うかのように、優しく下から揉みあげるようにすると、女性はあなたのセックスに安心して、心を開くと共に、感覚のディフェンスを速やかに下げていくのです。

## トランスの破壊——意識の流れを邪魔するもの

催眠術をかけるとき、暗示を間違えたり、言葉を噛んだりすることもありますが、リズムさえ壊さなければそのまま誘導を続けることができます。でも、言葉を間違えたからといって中断してしまうと、トランスはそこで終わってしまいます。

一旦、催眠術をかけ始めたら、誘導が途切れないように続けていかなければいけません。

もし、途中でしんどくなったら、「これから少しの間、話しかけるのをやめます……私が話しかけるのをやめている間、あなたの催眠状態は深くなります……」と、沈黙さえも誘導の一環にしなくてはいけません。催眠誘導では、予告なく中断するのは厳禁なのです。

セックスのときも、**一旦、ペニスを挿入したら途中で抜かない**ようにしてください。

ある科学的な実験では、セックスを行っているカップルに脳波計を付けて測定したところ、途中でペニスを抜くと、脳波が一気に覚醒の脳波に変わったという報告がありま す。

つまり、一旦、挿入したペニスが途中で抜けてしまうと、トランスが覚めてしまうことを意味しているのです。

普通のセックスで終ってもいいのなら、途中で休憩しようと、冗談を挟もうと一向に構いませんが、セックス・インダクションを成功させるためには、一度ペニスを挿入したら、抜けないように努力してください。

もし、途中でしんどくなったり、イキそうになったら、ピストン運動をやめて、キスやペッティングでトランスを覚まさないように繋ぐ必要がありますし、体位を変えるときには、一度奥まで突いてペニスが根元まで入った状態で抜けないようにしてから動くようにしてください。

## 欲情に勢いをつける——意識の反動利用

催眠状態を深くする方法に、意識に反動をつけるテクニックがあります。

たとえば、催眠にかかりやすい相手に何か一つの物を凝視させていると、すぐにまぶたが半分とじた状態になって、身体が勝手に揺れ出したりすることがあります。

通常なら、そのまま脱力暗示を与えるとスムーズに催眠へと入っていくのですが、ここで少しトランスに入るのを我慢させると、反動がついて、一気に深い催眠へと落ちていきます。

「……まだ催眠に入らないで……我慢して！……もう少しだけ我慢して!!……はい、3つ数えたら全身の力が抜けて、深い催眠に落ちていきます……3・2・1!!……ハイッ!!……深ーく眠って……深ーく眠って……そして心の力が抜ける……」

こんな感じで誘導するのですが、意識に反動をつけると、その勢いでトランスが深くなるのはセックスも同じなのです。

**男性はインサートと同時にピストン運動を開始する傾向にありますが、ここで少し我慢して、挿入したまま動かさないでいると、女性は欲情が蓄積**されていきます。

時間が立てば立つほど欲情が蓄積し、ときには白くて濁った愛液を噴出することがあります。よくAVなどで「本気汁」といわれているものです。

ただし、時間を稼ぐといっても、インサートしたらただじっと待っているだけではダメです。

キスをするなり、耳をペッティングするなり、胸を愛撫するなり、何かしらのワークをしていないとトランスが覚めてしまいます。

1分でもいいので、インサートしたらすぐにピストン運動をせずに、少し時間をおいてじらしてください。

ある程度、欲情が蓄積された状態からピストン運動を開始されると、じらされた分だけ反動がつくので、パートナーは火がついたように淫らになるはずです。

## 何よりも大切な観察能力――キャリブレーション

セックスで嫌われる男性ナンバーワンは、AVの観すぎで、女性に潮を吹かせようとして、バギナに指を入れて激しくかき回す人らしいです。

それが気持ち良いという女性ならいいのですが、ほとんどの女性は刺激が強すぎて苦痛を感じているみたいです。

膣の中はデリケートにできていますから、指で愛撫するときは、慎重に行なわなくてはいけません。

気持ち良いときには「気持ち良い」と声に出し、痛いときは「痛い」と言ってくれるのならいいのですが、たいていの女性が雰囲気を大切にするので少々痛くても我慢をしてしまいます。

ようするに、女性の発する声だけでは、なかなかその真意まではわからないということです。

気分が高揚してきたときに、「そこがいい」とは言えても、「痛い」とは言いにくいものです。

そこで催眠でいう『**キャリブレーション**』を活用して欲しいのです。

キャリブレーションというのは、『**観察**』のことで、催眠では深層心理の行為や行動を観察するという意味になります。

たとえば、あなたが誰かに「ありがとう」と言われたとします。

そのとき、相手の顔がにっこり微笑んでいたら、感謝の気持ちを伝えていることがわかります。

しかし、眉間にしわを寄せて、「ありがとう」と言ったあとに口をへの字に結んでいたら、迷惑がられていることが理解できます。

セックスのときは、言葉では伝えにくいことなのですから、こういったボディーランゲージで読み取ってあげることが重要になってくるわけです。

そこで、セックスの最中は、次のことを参考にしてください。

## “刺激が強いときは離れる”

## “刺激が弱いときは寄ってくる”

相手が自分に寄ってくるか離れていくかで判断するのです。

バックの体勢でインサートした場合もそうです。相手の背中が丸くなって、性器が離れていくようならだいたい痛がっている場合が少なくありません。

クンニリングスをしていても、相手の性器が逃げていく場合は刺激が強すぎるのです。

ときおり舌と指を使ってクンニリングスをしていると、逃げもせず近寄りもせず、声も動きも止まり、恍惚の顔になるときがあります。

これは刺激がちょうど良い証拠です。こういった良好な反応のときは、愛撫の動きも強さもそのままキープしてください。ここでイカせようと躍起になると失敗します。

男性は性的刺激を気持ち良く感じると、それをもっと激しくしようとする傾向がありますが、女性は性的刺激を気持ち良く感じると、それをしばらく堪能することで欲情を高めていく性質を持っているのです。

## 神が与えた快楽――クンニリングス

人間の身体には不必要なものはなく、必要のないものは退化していくといわれています。

生きていくために、そして子孫を残すために必要なものが残っているわけですが、唯一専門家の間でも、女性のクリトリスだけは生きていくためにも、子孫を残すためにも必要ないものだといわれているのです。

世界のある所では、「クリトリスなど必要ない」といって、16歳の誕生日に切り取ってしまう少数民族も存在します。

これは仮説ですが、女性は子孫繁栄のために出産という大行事を携えています。出産の苦痛は男性にはないものであり、この苦痛に対するご褒美として女性だけに与えられた快楽の泉だという話もあります。

つまり、セックスという子孫繁栄のための行為をするとき、相手の男性がこのクリトリスを愛撫して、女性に快楽を与えられるように作られているのだといっているわけですね。

快楽のためだけに存在するクリトリスですから、男性が行うクンニリングスはセックスには欠かせない作業といってもいいのではないでしょうか？

ただし、クリトリスはとても敏感にできていて、少しでも刺激が強いと女性は痛みを感じてしまいます。

まずは、レズビアンの女性が語るクンニリングスの秘訣を聞いてみましょう。

もちろん、性的刺激には人それぞれ好みがあるので、この女性のいうクンニリングスが誰にでも有効というわけではありませんが、自らタチ（レズの攻める側）だと主張するこの女性は、ほとんどのネコ（レズの攻められる側）をオーガズムに導けると言います。

**その秘訣は、舌の力を抜くこと**だそうです。

「舌の力を抜いて、密着する面積を大きくして、できるだけ舌を湿らせて、ペロ～ンといった感じでゆっくり舐めてあげると、まず失敗がないですよ……」

デリケートな部位だけに、ソフトな愛撫に失敗がないというのは理に適っていると思います。

トランスを重視したセックス・インダクションでは、相手に痛みを与えてトランスを壊してしまうことを絶対に避けなければならないので、意識の誘導を主に考えた場合、この力を抜いたデリケートな部分への愛撫はとても重要なアドバイスといえるでしょう。

## 人生が変わった男性——男の自信を取り戻す

私のセックス・インダクションの講義に参加された方に、過去2回も彼女をほかの男性に寝取られた人がいました。

一度目は高校生のときに、そして二度目は21歳のときです。

高校生のときは、友人に彼女を取られたらしいのですが、自分とは毎日のように会っていながら、セックスは月に一度すればいいほうだったみたいです。

それが、友人と付き合い出したら、ほぼ毎日のようにセックスをしているといった話を耳にしてしまい、当時はそうとう落ち込んだそうです。

21歳のときは、会社の出張で1カ月ほど地方へいき、帰ってきたら、彼女から「好きな人ができた」と言って別れを告げられたそうです。

納得がいかない彼は、「俺のどこがいけないのか理由を聞かせてくれ」と何度も迫りました。

すると彼女の口から「彼と一度セックスしたら他の人とできなくなっちゃったんだ

よ！」と言われたらしいのです。

ちなみに、その彼女の新しい彼は19歳だったそうです。

かなりのショックだったでしょうね。

その後、短期間の交際や行きずりの恋も含め、数名の女性とセックスはしていたらしいのですが、本気で付き合いをする彼女はできなかったみたいです。

そんな折、会社の健康診断の際に知り合った看護師さんと仲良くなり、ときどき映画を観たり、食事にいったりするようになりました。

でも、その看護師さんには2年も付き合っている彼氏がいます。

ある日、事の成り行きでホテルへいくことになったのですが、彼女の性器に触れたとき、愛液の量が多かったので、すごく興奮してしまい、以前なら激しくかき回しているところを我慢して、彼はセックス・インダクションの概念である「力を抜く」ということを心掛け、キスをするときも舌の力を抜き、女性器を触るときも、女性器に指を入れるときも、指から力を抜いて、膣の穴の角度に逆らわないように挿入するといったことを徹底して行なったそうなんです。

するとその日の夜中「彼と別れるから彼女にして欲しい」とメールがきたと言うので

す。

確かに、セックスだけが要因ではないかもしれませんが、過去に二度も彼女を寝取られた彼が、この日、人の彼女を寝取ったのは事実です。

セックスは本当にちょっとした知識を頭に入れて実行するだけで大きく変化するんですよね。

## 女性を欲情させる系統的暗示法——カタルシス・ストラテジー

我々セラピストは、ストレス病のクライアントに、溜まったストレスを吐き出させることで心の重圧を和らげることがあります。

これを『**カタルシス**』（発散）といいます。

カタルシスといえば、昔、心理学の父といわれたジクムント・フロイトも催眠術を使っていた時期があり、当時フロイトのところにやってきた女性クライアントのドラマチックなエピソードがあります。

ある女性クライアントは原因不明の病気によって片足が動かなくなり、催眠療法をやっていたフロイトのところへ杖を突いてやってきました。

フロイトの施術で変性意識状態に誘導された彼女は、鬱積《うっせき》されたストレスを吐き出すことで、帰るときには杖を必要としなかったというのですが、このストレスとカタルシスの関係は性的欲情を高めるときに利用できます。

女性は性的欲求が増してくると、それを軽減させるために、しゃべるという行為に出ることが少なくありません。

時々ホテルに入ると、照れ隠しのように、急に仕事の話や友達の話をベラベラと話し始める女性がいます。

そもそも女性はしゃべることでストレスを発散する性質をもっているのですが、性的欲情を感じた女性は、そのストレス（性的重圧）を発散するために、次の3つのうちのひとつを選択します。

ひとつは淫らになるという行動によっての発散です。

もうひとつは、しゃべるという行為によっての発散、そしてもうひとつは、欲情というストレスを抱えたまま我慢するという選択です。

そこであなたはセラピストと逆のことを行います。

つまり、**セラピストはカタルシスを使ってクライアントの心の負担を軽くしていきますが、あなたはセックスの相手に対し、カタルシスをさせないようにする**のです。

相手の性的欲求を閉じ込めて重圧をかけ、淫らになるように誘導するというわけです。

もし、女性とホテルへいき、相手が急にベラベラと話し始めたら、あなたはそれを制御してください。

「ホテルに入ったら静かにしよう……大人の雰囲気を味わいたいじゃん……」

こんな感じでもいいですし、軽いキスを何度も行い、口を塞《ふさ》いでしまうのもひとつの手です。

もし、あなたが「おれ、ホテルに入ったら静かなほうがいいんだけどな……」と言ったとして、相手がプライドの高い女性で「そう言われると、余計にしゃべりたくなっちゃう（笑）」などと言って、必死で照れ隠しをしようとしてきたら、「ねー、女が性的に興奮してくると、しゃべることで興奮を抑えようとするんだって（笑）」と言うと、相手はしゃべれなくなります。

性的に興奮したことを悟られないようにカタルシスを行っているわけですから、相手が性的に興奮していることを隠すためには黙るしかないからです。

## 女性が理性を保つためにすがりつくもの——キレイなままでいようとする心

人間には恒常性維持機能があり、普段の状態でいようとする能力を持っていることはすでに述べました。

人は意識が変化を起しかけると、多かれ少なかれ何らかの抵抗を起します。

女性が淫らになりかけたときも、理性を保つためにすがりつくものがあります。

それは**『清潔感』**です。

逆にいえば、女性は汚れれば汚れるほど淫らになります。

たとえば、フェラチオを好まない女性は、清潔感にすがり、清潔感を抱え込んでいるわけですから、淫らになることもほとんどありません。

そんな女性の場合、強制的にペニスを口に近づけても拒否されるだけです。

そこで、セックス・インダクションでは、この作業を系統的（段階的）に行っていきます。

まずは、あなたの人差し指で女性の唇をなぞるところから始めます。ディープキスを行なったら、唇を離し、相手の唇が愛しいかのように演出し、人差し指でなぞります。

そのまま胸や首筋などをペッティングしながら、ゆっくりと人差し指を相手の口の中に入れていきます。

セックスの最中です。いきなりペニスをくわえることはしなくても、指ぐらいならだいたい許してくれます。

しかし、一度口の中に異物を入れた女性は、ペニスをくわえることにも抵抗が薄れていきます。

セクシーに愛撫するような手つきで、相手の唇をなぞり、そのまま指を口の中に入れることができたら、相手の舌を愛撫するかのように指を絡め、頃合を見計らって口から指を離し、そっとペニスを相手の口に近づけるか、シックスナインの体勢になってみてください。

相手の女性がフェラチオを始める可能性は高いはずです。

ほかの男性と性行為を行うときは、フェラチオなど行わず、清潔感にすがりついている女性です。

もし、あなたのペニスをくわえたりしたら、その時点でほかの人とのセックスではならない意識状態（トランス）に入り、淫らになるはずです。

## 理性の抵抗力を弱める――多重刺激法

先ほども言いましたように、人は意識が変わり始めると、多少なりとも抵抗心を抱くものです。

たとえば、催眠の場合でも、「あなたの右腕が軽くなって宙に浮いてきます……」と暗示をすると、多くの場合は、少しずつ上がっていきます。

これは、抵抗しながら暗示に反応しているのであって、抵抗がなければ、すんなりとスピーディーに上がっていくはずです。もし、暗示より、抵抗心のほうが強ければ手は上がってこないわけです。

暗示を与えられると、反応してもしなくても、その人の中で何らかの抵抗が起きているのです。

これは、セックスのときに、普段の意識状態からエロチックな意識状態に移行するときも同じです。あなたが愛撫をすると、相手は気持ち良くなりながらも、自分が変になってしまわないように、意識が変化していくことに抵抗を抱いています。

そこで、意識の変性に対する抵抗を弱めていく方法を説明しようと思います。

まず、催眠の場面で説明すると、「あなたの右腕は軽くなって浮き上がる……」という暗示を与えたとします。

当然、ここでは相手の抵抗心と真っ向からぶつかることになります。

しかし、与えた暗示が、「右腕が軽くなって浮き上がる……」というひとつの暗示ではなく、「左腕は重くなって下り出す」といった、ふたつの暗示を同時に与えたらどうなるでしょう?

そう、相手はふたつの暗示に対応するため、抵抗心を分散させなくてはいけなくなります。

つまり、暗示に抵抗するエネルギーが半分ずつになるのです。

「両腕をまっすぐ肩の高さに上げて……そして右腕はこぶしをにぎり、親指を立ててください……次に、左腕は手のひらを広げて上に向けてください……あなたの右腕の親指には、大きな、大きな風船が結びついています……そして、左腕にはバケツがぶら下がっていて、徐々に水が増えていき重くなります……さあ、右腕はどんどん軽くなって浮いていきます……左腕は重くなってどんどん下っていきます……」

これは催眠術師がよく使う、**『風船とバケツ』**という技法なのですが、このように、二つの暗示を同時に与えることによって、抵抗心が分散されるので、被験者の両腕は徐々に上と下に分かれていきます。

これをセックス・インダクションで行なう場合、愛撫する部位を分散させます。たとえば、キスをしながら乳房を愛撫するなど、2カ所を同時に愛撫します。愛撫する部位は、女性がある程度気持ち良く感じる場所ならどこでも構いませんから、首筋をペッティングしながら同時にももの内側を愛撫しても効果があります。

刺激を与える部位を分散すればするほど抵抗心が弱まり、容易に性的トランスへと誘導することができます。

与える刺激を2カ所にすれば、抵抗力は半分になりますし、刺激する箇所が3カ所になると、抵抗力も3分の1になります。

しかし、それ以上になると、無理な混乱が生じ、その状況から逃げ出そうとする場合もあるので、多くても刺激を与える箇所は3カ所にしておきます。

## 女性を片手で豹変させる――フル・フィンガー・タッチ

ではここで、片手で3カ所を同時に愛撫する『**フル・フィンガー・タッチ**』というテクニックを紹介しましょう。

まず、右利きの人なら、右手の指をまっすぐに伸ばし、薬指だけを第二関節のところから折り曲げます。そして人差し指と中指をひとつにして膣の中に挿入します。

親指はクリトリスを愛撫するのですが、クリトリスはとても敏感なので、包皮（クリトリスを覆っている皮）の上から少し触れる程度にします。

そして、小指はアナルに触れるか触れないかぐらいの強さで当てておくといった感じにしておきます。

この状態で手首から先を震わせてバイブレーションを与えてください。

うまくやればこれだけで**プライドの高い女性が変貌するほどの威力**があります。

薬指は女性器の左側の大陰唇《だいいんしん》を刺激することになるので、全部の指を使うということから、フル・フィンガー・タッチといわれているのですが、薬指の刺激はあまり影響していないので、親指が担当するクリトリスと、人差し指と中指が担当するバギナと、小指が担当するアナルで、女性の感じやすい部分3カ所を同時に攻めていることになります。

## 人は悲しいから泣くんじゃない、泣くから悲しいんだ——ポージング・インダクション

眉の間にしわを寄せてうつむき、肩を落とした状態で楽しいことを考えろと言われても、なかなか楽しいことを考えられるものではありません。

逆に、ニッコリ笑った顔で胸を張り、天を向いて悲しいことを考えろと言われても、

やはりなかなか考えられないものです。

催眠の世界にはこんな言葉があります。


「人は悲しいから泣くんじゃない、泣くから悲しいんだ」


心と体はつながっているんでしたよね。身体の状態は心に大きな影響を与えます。

セックス・インダクションでは、女性に淫らなポーズをとらせることで、性的トランスに入れていく『**ポージング・インダクション**』というテクニックがあります。

仰向けに寝ている女性の両膝を持って、股間をガバッと広げることで、女性は羞恥心を刺激されて、一瞬でトランスに入ります。催眠でいえば瞬間催眠みたいなものです。

セックスの最中は女性もある程度露《あらわ》なポーズになることを覚悟しています。

しかし、恥ずかしがり屋で、まだ抵抗心のある女性を相手に、いきなり脚を強引に広げても、抵抗心のほうが勝ってしまい、逆にトランスを破壊してしまいます。

こんなときこそ腕の見せどころです。抵抗を生まないように、少しずつ女性を淫らなポーズにもっていってください。

抵抗心のある相手をトランスに誘導するコツは、段階的に行なっていくことです。

催眠の深化法には、この意識の性質を考慮した技法もあります。

**『揺さぶり法』**という深化法なのですが、少しかけては催眠を解いて、また少しかけては催眠を解くといった作業を何度か繰り返すことで、相手の抵抗心を最小限に抑えて深い催眠まで誘導していきます。

セックスの場合も、恥ずかしがり屋の女性が相手のときは、一気に露なポーズをとらせるのではなく、段階的に行なっていきます。

たとえば、女性の脚を大きく広げたいのなら、性器を愛撫しながら少し脚を広げて、抵抗を生まない程度のところで止めて、またしばらく性器を愛撫します。

そして、その状況に馴染んだら、愛撫をしながらまた少し脚を広げる。

このように系統的に進めて、最終的に股間が全開になるようなポーズにもっていきます。

すると、**淫らな格好をしている自分に触発されて、女性は欲情を高めていく**のです。

セックスの上手な男性を相手にすると、女性は「知らない間に恥ずかしいポーズをとらされていた」と言います。

抵抗なく、女性を恥ずかしいポーズにもっていくのは、それだけリードがうまいということですね。

焦る必要はありません。少しずつ淫らな格好をさせていけばいいんです。

## 快楽のパターンを形成──不安と期待

マッサージへよくいく人はご存じだと思いますが、上手なマッサージ師は、筋肉のほぐし方がある程度パターン化されていたりします。

たとえば、脚をマッサージするとき、足首のほうから少しずつ太ももの付け根に向かって上がってきては、また足首に返り、太ももの付け根に向かってまた上がってくる。

こんなふうに、揉み方をパターン化して何度か繰り返されると、頭の中が真っ白になるぐらい気持ち良く感じます。

1回目より2回目、2回目より3回目というように、徐々に気持ち良さが増してきます。

これは、期待がもたらす快感であって、人は身体のどこを触られるかわからないときは不安が生じて無意識に身体が緊張してしまっているのです。

何をされるかわからないマッサージでは、揉みほぐされる快楽に期待を寄せていながらも、同時に不安を感じています。

**人はわからないことに対して不安が生じる**からです。

マッサージを受けているときでも、次にどこを触られるかわからないときは、揉みほぐしてくれることがわかっていても、そこには期待と不安が生じているのです。

それが、揉み方をパターン化することで、次にどこをどんな揉み方でほぐすのかが、理屈ではなく、感覚で把握できるので、そこに不安はなくなり、期待がもたらす快楽だけになります。

だから、同じところを同じ揉み方でパターン化して揉みほぐしてくれるマッサージ師の施術は、頭の中が真っ白になるぐらい気持ち良いのです。

さらに、刺激のパターン化は催眠効果をもたらします。

単調なリズムの刺激は理性を静め、本能を活性化させるのです。

お坊さんが木魚《もくぎょ》を叩く音を聞いていると眠くなったりしますよね？

昔の催眠術師がメトロノームの音を聞かせながら催眠をかけていたのも同じ効果を狙

ったものです。

さて、刺激のパターン化がもたらす快楽が理解できたら、クンニリングスに応用します。

パートナーの脚を苦痛にならない程度に大きく開き、性器をバギナの下部からクリトリスの上まで舌を小刻みに左右に振りながら舐め上げていきます。

ほとんどの女性がクリトリスに向かって舐め上げていくと、徐々に声が大きくなっていくと思います。

舌にあまり力を入れず、左右に振りながらゆっくり舐め上げていき、上までいったらまたバギナの下部に戻り、クリトリスに向かって舐め上げていく。

この**一連の動きをパターン化すると、同じことを繰り返しているのに、回数を重ねるごとにパートナーの喘ぎ声が激しくなっていく**はずです。

男性側は単純な動作を繰り返すので、飽きてくるかもしれませんが、女性は快感を味わっているので、何度か繰り返してあげるといいでしょう。

## トランスを深めるカタレプシー――束縛の利用

筋肉支配の段階では、「あなたはイスから立てない」「そこから一歩も歩けない」などと、動きを止めてしまう現象を紹介しました。

これは、催眠術師のほうも意味なくやっているのではなく、催眠を深めるためにやっているのです。

人は普段自由になる手や足が自由にならなくなると、深いトランスに入ってしまいます。

性行為の中にもSMでよく用いられる縄縛りというものがあります。麻縄や紐で女性の身体を縛り、自由を根こそぎ奪ってエクスタシーへと導くものです。

SMの世界では「縄酔い」といっているようですが、これはまぎれもなくエクスタシーというトランスです。

さて、理論さえわかればSMまでしなくても充分セックスに応用できますよね。

旅行先の旅館とかなら、浴衣の帯を利用してパートナーの腕を縛り、両手から自由を奪ってしまうこともできます。

他にも、パートナーの絶頂が近くなってきたと思ったら、両腕ごと身体を強く抱きしめて、腕の自由や上半身の自由を完全に奪った状態で激しくピストン運動をするのも有効です。

自由を奪われたパートナーはトランスに入り、そのまま一気にオーガズムへと達してしまうことも珍しくありません。

## 本能の歯止めを外すシャウト――叫びの効果

100メートルを全力で走り、ゴール間際で叫び声をあげるとタイムが少し短縮できたりします。

これは『**シャウト効果**』といって、**大きな声を出すことによって、理性の歯止めを外すことができる**のです。

スポーツ界などでは当たり前のように用いられる手法で、重量挙げやハンマー投げなどで大声を出すのもシャウト効果を狙ったものです。

ちなみに、催眠に入った被験者に大声を出させると一気に深い催眠へと入っていきます。

つまり、シャウト効果にはトランスを深める要素があるのです。

それでは、シャウト効果をセックスに応用して、パートナーを深いトランスへと導いていきましょう。

あなたは愛撫をしていてもピストン運動をしていても構いません。

とにかくパートナーにできるだけ大きな声を出させるようにリードしてください。

「気持ちいいの？」

「気持ちいい」

「じゃ！　もっと声を出して！」

「気持ちいい！」

「もっと大きな声で！」

「気持ちいいよー！」

「もっと！　大きな声出さないとやめるよ！」

「やだーもっと！」

「大きな声でイクっていってみなよ！　イケるから！」

「イクー!!」

「ホントにイケるから、もっと大きな声で！」

「イヤ～ホントにイキそうー!!」

「もっと叫ぶんだよ!!」


もし、ＳＭのように、パートナーを縄で縛り、ロウソクの蠟を垂らしながら「どこが気持ちいいか言ってごらん！……もっと大きな声で！……言うまでやめないよ！……」などとやったら、先ほど説明したカタレプシーとシャウト効果、そしてＭ字開脚で縛っていたなら、羞恥心までが刺激を受けて、パートナーは激しく欲情することでしょう。やるかやらないかは別として、男たるもの、縛り方のひとつやふたつは覚えておいてもいいかもしれませんね。

ひとつ注意しておきますが、シャウトはあまり長く続けていると相手が失神してしまうので、失神までされたら困ると思っている人は、相手をよく観て、異変を感じたら、いい加減なところでクールダウンさせてあげたほうがいいでしょう。

ちなみに、ある程度、深い催眠に入っている相手に「あなたは赤ちゃんです……お腹がすいたので大きな声で泣いてお母さんにミルクをせがみましょう……」と暗示をして大声を続けさせると、覚醒後に催眠中の記憶が抜けていることがよくあります。

それだけシャウトに含まれるトランスを深める効果はパワフルだということです。

催眠セックスを行なうときも、普段、喘ぎ声の大きい女性を相手にしたときは、特別な暗示は入れずに、ただ催眠をかけた状態でセックスをすると、行為の途中で出す大きな喘ぎ声がシャウト効果となり、セックスが終わったあとで感想を聞いてみると、途中のことは何も覚えていないことがよくあります。

## フォロー・コミュニケーション――後戯の重要性

催眠誘導のあとに、相手から感想を聞いたり、誘導の際にかけた暗示が解けているかの確認をすることはとても重要です。

このような誘導後の配慮は次回の催眠誘導を肯定的なものにします。

そして、これはセックスにも当てはまることです。

男性の場合、射精をしてしまえば興奮度は一気に冷めますが、女性の興奮度はゆっくりとしか冷めていきません。

ですから、セックスが終わったからといって、すぐに離れては、今までの苦労が水の泡になってしまうのです。

たとえ勃起していなくてもいいから、女性の胸の熱が冷めるまでペニスを抜かないことです。

これが何よりの**『後戯』**（フォロー・コミュニケーション）です。

どんなに良いセックスをしても、すぐにペニスを抜いてしまったら、女性は余韻を味わっている最中に中断されたような気になって不満が残ってしまいます。

できれば女性の興奮度が冷めるまでの間、軽くキスをしたり、髪を撫でたりするとなおいいでしょう。

強いコミュニケーションを作り、かつ持続させるためには、やはり最後の最後まで手を抜かないことが大切なのです。

## 女性を欲情させる絶好のタイミング――バイオリズム

人間には心にも身体にもバイオリズムというものがあり、エクスタシーというトランスに入りやすい時期が周期的にやってきます。

どんなにセックスの上手な男性が相手でも、そのときの女性の心や身体が、性的なものから離れていたら、その女性に快楽を与えるのは難しいのではないでしょうか？

そこで、女性が淫らになる絶好のタイミングを把握しておいて欲しいのです。

ところで、ある女性とこんな話をしたことがあります。

「私って口説かれると相手がタイプじゃなくてもついていってしまう時があるんですよね～」

「本当ですか!?　相手がタイプじゃなくても？」

「はい、私は極端ですけど、女はみんな多少なりともそーゆー時がありますよ」

「どんな時にそんなふうになるんですか？」

「月に一回は、そーゆー時がありますす（笑）」
「月に一回⁉」
「ええ（笑）…生理前です」

人はトランスに入りやすい時期が周期的にやってきます。
それなら女性がエクスタシーというトランスに入りやすい時期は生理前なのか？
本当にオーガズムを体験しやすい時期は彼女が言うように生理の前なのか？
私は自社のサイトを利用して統計をとってみることにしました。
そのときに募集した意見をまとめてみたのでご覧ください。

・生理前はストライクゾーンが広くなる。
・生理前は大胆になれる。
・生理前になるとすごくしたくなる。
・ノリでやることも多々あった。
・口説かれやすくなっている。

・生理前にエッチするとすぐにイケる。
・生理前にエッチすると何度もイケる。
・よくエッチする夢を見るようになる。
・イライラする。
・お腹が痛くなる。
・お腹が重苦しくなる。
・鼻血が出やすくなる。
・胸が張る。
・ニキビ（吹き出物）ができやすくなる。
・下痢や便秘が起こる。
・甘いものが欲しくなる。
・食欲が増す。
・肌荒れしやすくなる。
・体調が悪くなる。
・太りやすくなる。

・特にコレといってない。

ご覧の通り、誰もが性的変化が起こるわけではないようです。

これは生理前の変調がストレス状態を引き起こしているだけだと考えたほうがいいでしょう。

人はストレス状態になると、自分の弱い部分が表面化します。それは精神的にも肉体的にも当てはまることです。だから生理前は人によって症状的なものが違うのです。

つまり、生理前はセックス・インダクションに有効な時期ではないということです。

では、セックス・インダクションに有効な時期とはいったいいつなのでしょうか？

それはズバリ**『排卵日』**です。

これは**子孫繁栄のために備わる無意識のメカニズムであり、女性が唯一メスになる時期**です。

女性器を愛撫して、白く濁った愛液、つまりシータ液（脳にシータ波が流れているときに分泌する愛液）がよく出るのもこの時期です。

初めて会った女性の生理予定日はわからなくても、付き合い始めたパートナーの予定日はそのうちわかってきますよね。

　排卵日の数え方は、だいたい次回の生理予定日から逆算して、14日目の前後2日間です。

　したがって、排卵日の期間は3日間もしくは多めにみて4日間ということになります。

　生理が終った日から数えるのではなく、次回の予定日から数えるのは、生理周期に個人差があるため、次回の予定日から数えたほうが誤差が少ないからです。

　当然、生理不順や周期間隔に個人差があるので、あくまでも予測計算になります。

　一度や二度のセックスでパートナーをイカせることができなかったとしても、苦痛さえ与えなければチャンスはまたあります。

　そんなときのために、セックス・インダクションに有効な時期は排卵日だということを覚えておいてください。

　この排卵日は、本人にそれほど自覚はなくても、確実に普段より性的快楽を受けやすくなっています。

　ただし、いうまでもなく排卵日は妊娠しやすくなっているので、避妊には充分な配慮を行ってください。

# おわりに

本書では、パートナーに催眠術をかけてオーガズムを与える催眠セックスと、セックスを利用して、トランスに導く、セックス・インダクションを紹介しました。

「いわゆる催眠術というものが照れくさくてできないからセックス・インダクションのほうがいい」という人もいれば、「相手の変化がわかりやすい催眠セックスのほうがいい」という人もいるでしょう。

好みといえば好みですが、催眠術を露骨にかける催眠セックスのほうがセックス・インダクションにくらべたらレベル的には低いと思います。

催眠セックスは、一見、難しいように感じるかもしれませんが、一度かけ方を覚えてしまえば何も難しいことはありません。

慣れてしまえばカラオケを一曲歌うぐらいの感覚でパートナーに催眠をかけてセックスを楽しむことができます。

それよりは、催眠心理を表に出さず、催眠とは悟られずにパートナーの意識を誘導していくセックス・インダクションのほうが奥が深いでしょう。

催眠術は、かかりやすい人が相手なら、下手な催眠術師がかけても深い催眠に入ってしまいます。

割合でいうなら、一割か二割の割合でかかりやすい人がいるのです。

つまり、**10人の女性を相手にすれば、少々下手な催眠術でも、一人か二人は深い催眠に誘導できる**ということです。

形式だった催眠術を使い、かかった人を相手にエロチックな暗示を与えていくだけですから、かけ方を覚えてしまえば簡単なのです。

ただし、やらなければいつまでたってもうまくなりませんし、セックス・ライフを変えることはできませんよね。

催眠術が身に着いたら必ず人生が好転していきます。

世の中に遅れをとらないためにも、この本に書いていることを実行して、一日も早く催眠を日常生活に活用してください。

それから、この先あなたが催眠セックスを常用するようになると、ときどき失神する女性も出てくると思います。

でも、相手が催眠状態で失神したものに関しては心配はいりません。

催眠状態のときはその人を守ろうとする潜在意識が最優位に立っているので、快楽が耐えられる限界になった時点で催眠状態（恍惚状態）に入ってしまうだけです。

たとえば、パートナーに「オーガズムを味わっている時間がいつもの10倍になる」と暗示をしたとします。

すると、ほとんどの女性が「気持ち良い時間が長かった」というでしょう。

でも、普段からイキやすく、強烈なオーガズムを味わっている女性は、イッている時間が長いのではなく、「イキかけてからイッてしまうまでが長く感じた」と言うのです。

これは、いつも自分が味わっているオーガズムが耐えられる限界に近いので、「オーガズムを味わっている時間がいつもの10倍になる」という暗示を額面通りに受け取ってしまうと、限界を超えてしまうために、潜在意識が耐えられるように調整しているのです。

催眠状態は深くなればなるほど、その個人を守る力が強くなります。

それは**潜在意識がその個人を守るためだけに存在するもの**だからです。

催眠は潜在意識に働きかけ、潜在意識を活発にする技術ですから、守る力が強くなるのは当たり前のことなのです。

したがって、催眠をかけるときは、「あなたを絶対に守る」といった心構えで臨めば、成功率はグンとあがります。

逆に、**下心を持って接した場合などは、その下心が少しでも見えた時点で催眠トランスは簡単に壊れてしまう**のです。

たとえば、「リラックスさせてあげる」と言って催眠を施したにも関わらず、相手が催眠にかかったら、すぐにセックスを強要するような暗示を入れても現実にはならないわけです。

こういった策略は、潜在意識がむき出しになっている催眠では不可能ですし、催眠を使って相手を騙すような行為はあまりにも低レベルな考え方です。

それは催眠の勉強を深めていけばわかることですが、あなたが恥をかかないためにも、人間的に次元が低い野心は持たないことです。

この先、催眠術師として技術を上げていきたいのなら、あなたの発言や行為によって相手の中で何が起こるかを考えてアプローチするようにしてください。

**催眠理論を頭に入れて、言葉攻めやシチュエーションの演出だけで女性を狂わすことができるようになったら本物です。**

ひと昔前に、自分の彼女に催眠をかけて「あなたの膣は締りが良くなる」と暗示してセックスをした催眠の初心者がいました。

彼は「心なしか締りが良くなっていた」と言っていたようですが、この暗示を与えられた彼女の心はどうなるでしょうか？

そう、「私の膣は締りが悪いんだ」と思い、傷ついてしまうのです。

催眠セックスは慌ててやる必要はありません。

それより相手を気遣うことを忘れないでください。

その場で暗示を考えなくてはいけないわけではないのですから、事前に一通り頭の中で考えて、相手の心を傷つけないことを認識したうえで実行しても何も遅くはありません。

催眠セックスは相手の心を守ることを一番に考えて行なってください。

最後に、この最強のコミュニケーションツールを最愛のパートナーとの絆を結ぶためのツールとしてお使いいただけたら私にとってこれ以上の喜びはありません。

# 催眠《さいみん》セックスの技術《ぎじゅつ》

2016年 12月28日 初版第1刷
2019年 11月20日 第2刷

著 者 —————— 林《はやし》 貞年《さだとし》
発行者 —————— 坂本桂一
発行所 —————— 現代書林
〒162-0053 東京都新宿区原町3-61 桂ビル
TEL／代表 03(3205)8384
振替00140-7-42905
http://www.gendaishorin.co.jp/

ブックデザイン —————— 吉崎広明（ベルソグラフィック）
本文イラスト —————— ホンマキミトシ
カバー写真 —————— shutterstock

印刷・製本 広研印刷㈱
乱丁・落丁本はお取り替えいたします。
定価はカバーに表示してあります。



ISBN978-4-7745-1611-0 C0011